天津市哲学社会科学规划资助项目

刘志云 著

基于『全面质量管理』的校园足球绩效评价研究

天津社会科学院出版社

图书在版编目(CIP)数据

基于"全面质量管理"的校园足球绩效评价研究 /
刘志云著. --天津:天津社会科学院出版社,2022.10
ISBN 978-7-5563-0860-6

Ⅰ.①基… Ⅱ.①刘… Ⅲ.①学校体育-足球运动-
研究-中国 Ⅳ.①G843.2

中国版本图书馆 CIP 数据核字(2022)第 189417 号

基于"全面质量管理"的校园足球绩效评价研究
JIYU "QUANMIAN ZHILIANG GUANLI" DE XIAOYUAN ZUQIU
JIXIAO PINGJIA YANJIU

选题策划:沈　楠
责任编辑:沈　楠
责任校对:王　丽
装帧设计:天津点晶图文设计有限公司
出版发行:天津社会科学院出版社
地　　址:天津市南开区迎水道 7 号
邮　　编:300191
电　　话:(022)23360165
印　　刷:天津午阳印刷股份有限公司
开　　本:787×1092 毫米　1/16
印　　张:11.25
字　　数:240 千字
版　　次:2022 年 10 月第 1 版　2022 年 10 月第 1 次印刷
定　　价:68.00 元

序

　　2015 年 2 月 27 日,中央全面深化改革领导小组在北京召开第十次会议,会议审议通过了《中国足球改革总体方案》,将改革推进校园足球发展作为中国足球改革的重点任务。提出要发挥足球育人功能。深化学校体育改革、培养全面发展人才,把校园足球作为扩大足球人口规模、夯实足球人才根基、提高学生综合素质、促进青少年健康成长的基础性工程,增强家长、社会的认同和支持,让更多青少年学生热爱足球、享受足球,使参与足球运动成为体验、适应社会规则和道德规范的有效途径。要推进校园足球普及,各地中小学把足球列入体育课教学内容,加大学时比重。以扶持特色带动普及,对基础较好、积极性较高的中小学重点扶持,全国中小学校园足球特色学校 2025 年达到 5 万所,其中开展女子足球的学校占一定比例。完善保险机制,推进政府购买服务,提升校园足球安全保障水平,解除学生、家长和学校的后顾之忧。要促进文化学习与足球技能共同发展。加强足球特长生文化课教学管理,完善考试招生政策,激励学生长期积极参加足球学习和训练。允许足球特长生升学录取时在一定范围内合理流动,获得良好的特长发展环境。要促进青少年足球人才规模化成长。推动成立大中小学校园足球队,抓紧完善常态化、纵横贯通的大学、高中、初中、小学四级足球竞赛体系,探索将高校足球竞赛成绩纳入高校体育工作考核评价体系。要扩充师资队伍,通过培训现有专、兼职足球教师和招录等多种方式,提高教学教练水平,鼓励引进海外高水平足球教练。完善政策措施,加强专业教育,为退役运动员转岗为体育教师创造条件。

　　2015 年 2 月,经国务院批准,由教育部牵头成立了全国校园足球工作领导小组,把校园足球作为足球改革和学校体育教学改革的突破口。2015 年 7 月,教育部、发改委等六部门正式印发《关于加快发展青少年校园足球的实施意见》,把发展青少年校园足球作为落实立德树人根本任务、培育和践行社会主义核心价值观的重要举措,作为推进素质教育、引领学校体育改革创新的重要突破口,充分发挥足球育人功能,遵循人才培养和足球发展规律,理顺管理体制,完善激励机制,优化发展环境,大力普及足球运动,培育健康足球文化,弘扬阳光向上的体育精神,促进青少年身心健康、体魄强健、全面发展,为提升人口素质、推动足球事业发展、振奋民族精神提供有力支撑。进一步明确了提高校园足球普及水平、深化足球教学改革、加强课外足球训练、完善校园足球竞赛体系以及畅通优秀足球苗子的成长通道等普及和推广校园足球的重点任务。通过加强师资队伍建设、改善场地设施条件、健全激励机制、加大经费支持力度、完善安全保险制度、鼓励社会力量参与等举措确保校园足球活动的实施。要求充分发挥全国青少年校园足球工作领导小组作用、把发展青少年校园足球纳入重要工作日程以及优化发展青少年校园足球舆论环境等举措强化校园足球活动开展的组织领导,首次明确提出要"加强青少年校园足球工作质量监测,定期发布全国和各地区青少年校园足球发展水平报告"。通过坚持改革创新、问题导向、统筹协调以及因地制宜等原则,促进校园足球普及程度大幅提升、教学改革更加深入、竞赛体系更加完善、条件保障更加有力,建成符合人才成长规律、青少年广泛参与、运动水平持续提升、体制机制充满活力、基础条件保障有力、文化氛围蓬勃向上的中国特色青少年校园足球发展体系。2015 年 8 月教育部公布了第一批 8627 所中小学校为全国青少年校园足球特色学校(以下简称特色学校),38 个县(区)为全国青少年校园足球试点县(区)。这一系列举措标志着作为国家战略的校园足球工作从顶层政策设计进入全面落实的实施阶段。

经过近几年的不断努力,教育部门按照《中国足球改革发展总体方案》要求,全力推进校园足球工作,特别是发挥校园足球育人功能、加快足球普及,促进文化学习与足球技能共同发展、足球人才规模化成长,加快足球师资队伍、足球学院和新型足球学校建设等任务和要求,统筹全局,加强顶层设计。坚持"教学是基础,竞赛是关键,体制机制是保障,育人是根本"的发展思路,扎实做到扩大分母抓普及、做强分子抓竞赛、师资队伍抓培训、提高质量抓标准、保障条件抓短板、加强管理抓协同、扩大视野抓交流的"七个抓",抓牢抓实抓准核心点。打通升学通道,促进国际交流,讲好校园足球故事,发挥典型带动作用,营造良好足球氛围,凝练出"踢出快乐,拼出精彩"的校园足球精神。印发《全国青少年校园足球"八大体系"建设行动计划》。校园足球改革发展的"四梁八柱"基本建成,"内部装修"已全面开启。校园足球治理体系基本健全,校园足球治理能力不断提高。要进一步强化校园足球的组织领导和协同联动,注重内涵发展和质量提升,努力把校园足球打造成为中国足球改革发展的奠基工程、立德树人的育人工程和新时代全面推进学校体育综合改革的探路工程。

校园足球各项政策的有效实施以及校园足球目标能否实现都需要不断提高特色学校的校园足球活动开展的质量。在校园足球政策实施过程中由于管理制度、措施与计划的不健全、职能部门责权利的不明确以及监督与制约机制的不完善,再加上具体实施过程中基层执行部门的执行力度不同,容易降低校园足球开展总体质量,从而影响校园足球最终目标的实现。绩效评估是促进个人和组织全面提升绩效的过程,是激发与强化相关责任人自身技能不断提升和更加胜任有关工作的过程,也是促进校园足球工作中各类资源优化配置、潜能持续开发的过程。根据管理学的理论,组织管理的质量和绩效的提高离不开有效的评估。构建校园足球绩效评价指标体系,不仅能对校园足球的发展过程与结果做出科学、合理、有效的总结性评价,还能提高工作效率、效果以及行动的合理性,保障校园足球资源的有效配置。校园足球需要借鉴现代管理学和学校绩效管理理论构建专门的评估体系,进而对校园足球政策基层执行部门——足球特色学校展开评估,确保校园足球活动取得良好的绩效,实现校园足球的战略目标。

综上所述,本研究以中小学校园足球绩效评价体系作为研究对象,以全面质量管理理论、绩效评价理论、教育评价理论为基础,采用理论研究和实践研究相结合、定性和定量方法相结合的方式,借鉴美国国家质量奖《绩效优异标准》的指导思想,遵循"提出问题—研究探索—实证检验—成果转化"的研究思路,构建校园足球绩效评价的理论框架,拓宽校园足球评价研究领域,在实现校园足球目标的问题上提供新的研究视角。丰富我国学校体育评价的理论体系。通过构建校园足球绩效评价体系,进行实证考察分析,发现影响校园足球发展的制约因素,探索校园足球良性发展的最佳路径。

前　言

本研究构建的校园足球绩效评价模型可以作为政府、学校、第三方机构评价校园足球绩效评价的重要工具和模板，其中的评价指标体系能够覆盖校园足球开展的各个方面，为准确合理地评价校园足球绩效提供有效的依据。该模型有助于明确校园足球的发展目标、思路、重点和对策等，推动形成校园足球协调和可持续发展的合力，提高校园足球发展质量，而且为校园足球走全面深入持续发展之路提供了理论依据和实践指导。

本书共分为七章：

第一章，详细介绍了本研究的背景和选题意义，并对本研究的思路、研究内容、研究方法做出了阐述，对后续的研究进行了初步规划。

第二章，对本研究相关的概念进行全面细致的综述，并对国内外研究进行了总结归纳；并把该章作为本研究的基础理论部分，探讨全面质量管理理论如何与校园足球绩效评价的实践工作相结合，认为全面质量管理理论用来解决类似的复杂性问题有明显的针对性和有效性。

第三章，对当前校园足球工作开展的实践方面做全面的现状调查。具体来讲，从校园足球开展历程、资源配置情况、基层教学单位开展的工作等方面进行全面分析。

第四章，对绩效评价相关知识、过程和综合评价方法的选择也进行了描述分析。通过这一章的分析，为基于全面质量管理理论的校园足球绩效评价提供了理论支撑。

第五章，本部分的重点是针对校园足球最基层的执行单位——学校进行的绩效评价研究。首先，结合教育部相关评估指标并结合专家的意见，立足于学校教育环境，从学生发展、教育教学、教师、领导与管理、训练与比赛的角度，构建了由 5 个一级指标、22 个二级指标和 74 个三级指标组成的全面质量管理理论的校园足球绩效评价指标体系。其次，根据建构指标评价特性，结合模糊综合评价法对研究对象的校园足球工作的绩效评价进行了判别。

第六章，通过对全国范围内校园足球特色学校评测后，从学生发展、足球教学、师资队伍、组织、训练竞赛等五个方面所存在的共性问题，为我们促进青少年体质健康和培养全面发展的足球后备人才工作提供理论指导。

第七章，针对研究中存在的问题、结合现阶段校园足球发展面临的新问题，提出解决现阶段校园足球绩效评价工作中存在的问题。

　　本书通过以上七章,旨在勾勒一幅基于"全面质量管理"的校园足球绩效评价的全景图,在充分总结和肯定成功经验的同时,具有较强的针对性和参考性,可供科研人员和管理人员参考,也可供高等学校相关专业师生参阅。尽管作者竭尽全力,但书中不当或疏漏之处在所难免,敬请读者批评指正!

目 录

第一章 绪 论

一、研究背景

2015 年 2 月 27 日,中央全面深化改革领导小组在北京召开第十次会议,会议审议通过了《中国足球改革总体方案》。2015 年 2 月,经国务院批准,由教育部牵头成立了全国校园足球工作领导小组,把校园足球作为足球改革和学校体育教学改革的突破口。2015 年 7 月,教育部、发改委等六部门正式印发了《关于加快发展青少年校园足球的实施意见》。2015 年 8 月教育部公布了第一批 8627 所中小学校为全国青少年校园足球特色学校(以下简称特色学校),38 个县(区)为全国青少年校园足球试点县(区)。这一系列举措标志着校园足球工作从顶层的政策设计进入了全面落实的实施阶段。校园足球各项政策的有效实施以及校园足球目标能否实现,都需要不断提高特色学校校园足球活动开展的质量。根据管理学的相关理论,组织管理的质量和绩效的提高离不开有效的评价。因此,校园足球活动需要借鉴现代管理学的相关理论构建专门的评价体系,进而对足球特色学校展开评价,确保校园足球活动取得良好的绩效,实现校园足球发展的战略目标。

二、研究意义

(一)理论意义

第一,以全面质量管理理论、绩效评价理论、教育评价理论为基础,构建校园足球绩效评价的理论框架,丰富我国学校体育评价的理论体系。

第二,通过构建校园足球绩效评价体系,进行实证性定量分析,发现影响校园足球发展的制约因素,探索校园足球良性发展的最佳路径。

第三,填补校园足球评价研究的空白,在实现校园足球目标的问题上提供新的研究视角,拓宽了研究领域和研究思路。

(二)实践意义

第一,本研究有利于为中小学提高校园足球活动的管理质量提供统一的指导,从而提高校园足球活动的整体水平。

第二,本研究针对校园足球特色学校开展绩效评价,可以为校园足球实施提供监督和指导,确保校园足球战略目标的实现。

第三,本研究为政府、第三方评价机构对学校校园足球管理质量进行评价和学校自评提供了评价标准和操作步骤,有利于校园足球评价的开展。

三、研究方法

本研究主要采用文献资料法、访谈法、问卷调查法、实地观察法、个案研究法来收集资料和数据,进行定性与定量综合分析。并以此为依据,运用数理统计法,构建基于全面质量管理理论的校园足球绩效评价体系。

(一)文献资料法

采用文献资料法界定校园足球绩效的概念并预设全面质量管理(TQM)在校园足球工作中的运行模式,对校园足球、全面质量管理、绩效评价之间的逻辑关系进行分析与归纳。

(二)德尔菲法

采用德尔菲法通过两轮专家咨询对指标体系进行修改与确定,使用问卷星和 SPSS26.0软件进行数据统计与分析,以保证其科学性和有效性。

(三)深度访谈法

在访谈对象的选择上,首先考虑的是与研究主题高度关联的行业管理人员;其次注重访谈对象选择的代表性和差异性,访谈对象应覆盖不同类别与层次;最后还需考虑访谈对象的可及性,能够联系到对方并征得其同意接受访谈。基于以上考虑,本研究采用判断抽样的方法确定了三类人群作为访谈对象:一是教育部校园足球专家委员会专家;二是优秀特色学校校长;三是省级校园足球办公室主要负责人及管理人员,访谈对象基本信息见表1-1(鉴于尊重访谈对象的个人隐私,其名用拼音首字母代替)。

表1-1　访谈对象基本信息表(按姓氏首字母排序)

序号	姓名	职务	工作单位
1	蔡XY	教育部校园足球专家委员会委员	福建师范大学
2	刘XY	教育部校园足球专家委员会委员	武汉体育学院
3	赵ZZ	教育部校园足球专家委员会委员	首都体育学院
4	虞Y	教育部校园足球专家委员会委员	江西师范大学
5	张JW	教育部校园足球专家委员会委员	华东交通大学

序号	姓名	职务	工作单位
6	布 T	体育管理学教授	湖南师范大学
7	廖 XW	处长	长沙市教育局
8	张 D	副处长	杭州市教育局
9	李 DY	科长	南昌市教育局
10	谢 JW	校长	衡阳市珠晖区冶金小学
11	谢 YJ	校长	南昌市三店小学
12	肖 CH	校长	长沙市长塘里小学
13	李 L	副校长	长沙市雅礼中学
14	刘成	教练员	大成青训
15	孙 B	教练员	南昌二中
16	岳 M	教练员	杭州市校园足球青少年及女子委员会
17	王 Z	教练员	杭州市女足教练员

(四)实地观察法

运用实地考察法,从38个全国青少年校园足球试点县(区)中各选取2～3个特色足球学校,进行实地考察、收集一手数据资料,分析比较各地办学特色及实施效果。

(五)层次分析法

本研究运用层次分析方法征求各专家对指标相对重要性的打分意见,来对各指标权重进行分配,使用 yaahp12.6 软件进行计算各个指标的权重。

四、研究创新之处

第一,运用现代管理理论中的全面质量管理理论、绩效评价理论做理论支撑对青少年校园足球进行绩效评价,在体育理论研究尤其是校园足球研究中属于全新性尝试。

第二,运用数学方法构建校园足球运动绩效评价模型,增加了评价结果的科学性和准确性,为我国校园足球工作的开展提供科学决策依据。

第二章　文献综述

一、有关"全面质量管理"的研究

全面质量管理(TQM)的第一原则就是"以顾客为核心",任何一个组织的生存之本源自顾客,通过不断改进和提升自身产品质量或服务质量来满足顾客的需求。

全面质量管理是谋求产品质量改善和提高,旨在让顾客满意并让本组织所有成员及社会受益的活动。它是对产品事后检验和质量统计的发展和完善,对我国乃至世界产品质量的提高都非常有益。费根堡姆的全面质量管理概念逐步被世界各国所接受,质量作为一个系统的观念也得到普及。在日本,全面质量管理被称为"全公司的质量控制(CWQC)";在加拿大总结制定为四级质量大纲标准(CSZ299);在英国总结制定为三级质量保证体系标准(即 BS5750)等。1987 年,国际标准化组织(ISO)又在总结各国全面质量管理经验的基础上,制定了 ISO9000《质量管理和质量保证》系列标准,在此基础上不断改进,提出了 ISO9000—2000 版标准,这些都将质量管理实现的过程作为企业一个重要系统来看待。

全面质量管理概念在运作时被不断丰富和发展,许多著名的质量大师、专家们包括普通的质量工作者都为之付出努力。全面质量管理是系统的方法,不是独立的领域或程序,是高水平战略的必要部分而作用于所有职能,涉及从高层到基层的所有员工,并向前和向后扩展至包括供应链与顾客链,最终实现公司整体成功。

20 世纪 60 年代至 70 年代,全面质量管理在美国、日本主要应用于工业制造业和服务业提高产品质量和服务质量,获得了巨大成功。20 世纪 80 年代开始被引入美国、日本、英国等国的教育管理中。

20 世纪八九十年代后期,我国一些高校开始重视构建质量管理体系并逐渐零星导入一些全面质量管理的理念,开始了全面质量管理(TQM)在教育管理中的实践。赵忠建(1997)构建了高等教育领域中的全面质量管理的概念框架,在框架中提出了"质量保证、质量控制、质量评价、质量改进"四部曲。黄力民认为教学质量的提高很大程度上取决于学生的学习质量,他利用全面质量管理(TQM)理念,构建了一个外部条件保障和内部有效监控相结合的大学生学习质量监控体系,并通过一系列具体措施,全方位、多层次地提高教学质量。张同怀认为在学校实施全面质量管理应注重师生互动、培养学生特长、营造良好校风、名师造就名校、提升管理境界。邹农基、杨亮、迟宝全、黄镇海借鉴全面质量管理(TQM)理论,构建了大学教育质量保证体系,提出构建全员参与、全程监控、质量持续改善的高校内部教学质量保障体系是提高高校教学质量的长效机制。

通过对国内外全面质量管理相关研究文献的梳理,我们发现全面质量管理在教育管理中主要应用于高等教育管理中,并作为一种教育质量保障体系在高校中被广泛应用,其中质量评价成为保障体系中的重要环节。而全面质量管理理念应用于体育教育领域中的文献非常稀少,尤其是在青少年足球领域中的应用,目前还属于空白。

二、有关"校园足球"的研究

2009 年教育部与国家体育总局联合下发《关于管理全国青少年校园足球活动的通知》,宣布由全国校园足球办公室为领导主体,各级各地足协和体育局的青少年部门积极参与,负责全国校园足球管理与指导,推广模式以组织竞赛为核心。经过 5 年的快速发展,校园足球整体局面显著改变,管理足球活动的地区、城市、学校以及参与足球的学生人数不断增加,校园足球的竞赛体系基本建成。随着校园足球活动的开展,国内学者对其进行的理论研究也不断深入,涵盖对校园足球区域或阶段的发展现状与特征研究(刘桦楠、季浏,2012)、校园足球文化内涵研究(斯力格,2010)、校园足球价值定位与推广研究(李卫东、张廷安,2012)、校园足球管理体制与运行机制研究(王崇喜,2012)、保障、监督与激励研究(李纪霞、董众鸣,2012)、师资等人才队伍建设研究(古文东,2013)以及训练与竞赛研究(张辉、张廷安,2012)等,为我国校园足球活动提供了科学的理论支持及有针对性的对策建议,促进了校园足球的广泛普及与管理。

虽然校园足球历经五年发展,有力地改善了我国校园足球的发展面貌,但是我国校园足球发展仍处于量变的积累阶段(张沛锋,2012)。我国青少年校园足球活动发展过程中存在的共性问题也日趋明显。校园足球管理体制不完善与运行机制不畅(何志林,2012)、普及与提高的价值定位不协调(侯学华、薛立,2013)、政策保障、资金、场地及基础设施不足(刘志云、王慧琳,2014)、校园足球教师、指导员及教练员等师资数量短缺及水平参差不齐(张廷安,2014)、学校重视程度不够、家长支持程度不够等(李卫东,2012)等成为当前阻碍我国校园足球发展的突出问题。依据体育自身的规律来认识体育和运作体育,实施整体思维与跨界整合,将分割的体育系统进行跨界关联,纠正条块分割带来的体制性和机制性的障碍是我国体育发展的创新思维(杨桦、任海,2014)。在校园足球发展对策与实施路径研究中,要树立科学的可持续发展观(张廷安,2015),明确校园足球活动的目标定位和发展方向(董众鸣,2011),明确教育部门的管理主体地位、发挥政府主导作用,优化管理模式,充分调动省市校园足球领导机构的主观能动性(贺新奇,2013),进一步完善监督机制和激励机制,提高管理绩效和时间成效(李纪霞、董众鸣,2012),加大经费投入、场地建设和教练员等相关人员的培训,加强校园足球活动的规范化训练与管理(李卫东、张廷安,2012)。2015 年,国家将校园足球明确作为国家战略,并由教育部作为校园足球的领导主体,负责全国校园足球改革的管理与组织工作。王登峰(2014)指出校园足球改革面临八项任务,在整体布局方面,到2017年重点建设两万所校园足球特色学校,建设200支高水平高校足球队,足球特色校每周要有一次足球课,搭建四级校园足球联赛平台。发展校园足球的五大主体,即政府、学校、社会、家庭和媒体。通过校园足球实现"三位一体",即提高学生的健康水平、提高学生的运动技能、培养学生的健全人格。发展校园足球应成为全民共识(吴键,2015),是促进学生体质水平提高,推动我国人力资源强国建设,实现教育综合改革目标,促进我国教育现代化的重要举措。

校园足球活动促进了我国校园足球面貌的显著改善,发展规模逐步扩大,竞赛活动广泛管理,校园足球基层师资力量得到加强,国家的支持保障力度逐步加大,足球的社会氛围日益浓厚,形成了我国校园足球发展的良好开端。虽然五年来我国校园足球作为基础性工作取得了长足的发展,但同时也存在着不足,突出地体现在对校园足球的认识不足、校园足球的管理普及不足、对校园足球的保障不足、组织领导机构的政策措施不足等问题。2015年我国出台了《中国青少年校园足球发展规划(2015—2025年)》,明确了我国校园足球的发展目标。校园足球管理主体的转变、管理体制的改革以及现存的制约因素是影响当前我国校园足球能否深化发展所急需解决的突出问题。在我国校园足球新的发展周期中充分做好顶层设计,促进多方协同创新,有效地解决现存问题,是推动我国校园足球进一步发展的有效途径。

在国外校园足球管理的现状研究中,日本足球青训发展经历了国家训练制度、"9000名C级教练"计划、J联赛(日本职业足球联赛)青训与高中校园足球并存、训练中心制度变革四个阶段。日本青少年的家长与学校教育理念高度一致,对于学生从事足球训练大力支持。在大力发展校园足球的同时,日本足协将优秀教练资质覆盖到校园之外,还将职业俱乐部配置青训梯队作为硬性的准入门槛,由此日本足球为职业俱乐部输送职业球员的青少年培养途径,进入了校园足球与职业俱乐部青少梯队的双通道并行体系(程隆,2014)。相对于日本,韩国足球在青训体系的搭建方面,则更加重视校园足球的建设(方仁权,2010)。校园足球是韩国培养高水平足球人才的重要途径;这一培养机制中所采用的齿轮运转管理模式对韩国校园足球发展的层次性、衔接性和统一性起到了非常重要的作用;各种行之有效的行政政策和制度以及政府的资金投入等是韩国校园足球高水平运动员培养机制正常运行的基本保证。虽然韩国仍存在完全以给职业俱乐部培养球员为目的的专业俱乐部,但在韩国以校园足球为主搭建的青训体系之下,专业俱乐部仅仅占很小的一部分。为韩国职业足球贡献人才的主要力量依然是校园足球。

欧美足球强国注重足球的青训建设。英国青少年校园足球发展的演进经历了自我发展、国家福利政策支持和社会公益化三个发展阶段,政府的政策、国家体育与足球组织的管理行为对校园足球的发展产生了较大影响(陈洪,2013)。英国校园足球锻铸了良好的社会基础,并获得了政府部门、非政府组织、商业组织以及志愿者的青睐和鼎力相助。随着英国足总宪章标准计划的推行,学校足球、社区足球和职业足球的青少年培养形成了初步的网络,拓宽了青少年足球发展的路径。政府部门、社会和商业组织从资金和人力两个方面的多元配置为校园足球发展提供了稳定的动力资源(梁斌,2014)。法国足球的经久不衰,得益于其完善的青少年足球培养体系。法国共有以克莱方丹国家足球学院为代表的 14 所足球培训学院从事业余小球员的选拔,让每一名学员都能展现出自身的潜力,在德、智、体方面得到全面发展。在学校受训期间,每一名学员在接受足球培训的同时,都要接受良好习惯和态度的养成教育,尤其注重各类文化知识的学习。小球员被安排到附近的普通中学就读,学院只在每天下午安排 1~1.5 个小时的足球训练。专业的技能培养模式以及注重教育的全面发展理念造就了克莱方丹国家足球学院在法国足球青训领域的卓越地位(尚栩、应强,2014)。在意大利 1.4 万家足球俱乐部中,职业足球俱乐部仅有 100 多家,不足 1%,意大利业余足球俱乐部构成了意大利足球的根基。相关统计显示,意大利有 3095 家培养精英球员的青训俱乐部和职业俱乐部下属的足球学校,共有 67 万学员。政府免费提供场地设施,并且每年提供 3 万欧元的俱乐部运行补助。意大利法律规定业余俱乐部不得向其员工和教练员等支付任何工资薪水,俱乐部管理不计报酬,重在社会认可。政府与地方俱乐部之间是一种互利共赢的关系,政府通过投资基层俱乐部凝聚民心,促进社区和谐进步,改善国民体质,提高工作效率,节省医疗成本。除此之外,数以百万计的业余俱乐部会员在接受了系统的足球教育之后,大多数成为稳定的足球消费者,构成足球市场的中坚力量。政府引导、社会参与、职业球员以及球迷市场之间的良性协同造就了意大利足球的强国地位(马邦杰,2014)。比利时探索符合国情的足球发展模式并获得成功,得益于其小本经营的俱乐部和联赛发展模式、严格的青年足球复兴计划以及利用外部资源孵化本国球员等一系列改革措施(王朝文、闫磊,2014)。俱乐部和联赛的小本经营模式顺应比利时国情,从 2003 年开始比利时足协向各辖区俱乐部共出资 500 万欧元用于扶持青训项目,并打造相对统一的国家足球哲学。被誉为"比利时青少年足球总设计师"的布鲁因尼恩克斯认为智力和教育对于球员理解足球理念十分必要,俱乐部从校园选拔 12~18 岁有潜力的青年足球苗子并每周安排六次足球专项训练,但这不会影响球员正常的学校教育,更不会影响他们日后进入大学、成为医生或工程师的机会。与此同时,比利时利用与邻国荷兰、法国、德国的地理优势,不断将本国球员输送到这些足球强国进行锻炼。以上举措促使比利时足球水平强劲复苏,处于欧洲足球水平的前列。虽然欧美以及亚洲足球强国并没有明确地提出"校园足球"的概念,国际足联对世界青少年足球发展的整体规划也是以"草根足球"来命名。但是注重足球的校园发展环境、强调青少年足球训练与文化教育并重、大力引导社会多方资源共同参与、协同发展的足球后备人才培养理念都是以上国家推动足球发展的共性,其差异性在于根据本国国情或地区特征而选择促进青少年足球发展的主导因素和侧重点不同。例如,意大利侧重于以政府为主导、并吸引社会的广泛参与;比利时侧重于小规模精英发展以及利用邻国足球资源的优势而发展;韩国侧重于学校连续培养模式等。我国将校园足球作为推动青少年健康成长和足球振兴的国家战略,就是要以政府推动为主导因素,倡导社会各方力量共同参与,协同创新,激发校园足球的发展活力,大力推进我国校园足球的科学发展。

综上所述,校园足球的第一个五年计划的实施,促进了我国校园足球面貌的显著改善,发展规模逐步扩大,竞赛活动广泛开展,校园足球基层师资力量得到加强,国家的支持保障力度逐步加大,足球的社会氛围日益浓厚,形成了我国校园足球发展的良好开端。虽然六年多来我国校园足球作为基础性工作取得了长足的发展,但同时也存在着不足,突出地体现在对校园足球的认识不足、校园足球的开展普及不足、对校园足球的保障不足、组织领导机构的政策措施不足等问题。而绩效评价将是促进校园足球发展的最要措施,“以评促建”一直是我们倡导的理念,而校园足球开展六年多来我们一直未实施任何的评价,在学术界虽然已有个别学者关注到评价的问题,但只停留在评价的价值取向层面上,还未涉及评价指标体系的构建、评价方法的采用和实施流程等实质性问题,因而,本研究是有效地解决现存问题、推动我国校园足球进一步发展的有效途径之一。

三、有关“绩效评价”的研究

绩效评价是指运用一定的评价方法、量化指标及评价标准,对组织为实现其职能所确定的绩效目标的实现程度,以及为实现这一目标所安排预算的执行结果所进行的综合性评价。绩效评价理论最初起源于对生产企业经营绩效、经营成果的综合评判,促进企业改善经营管理,提高经济效益。随着经济和社会的发展,当初用于评价企业经营业绩的理论与方法,已经逐渐运用到社会生活的方方面面,成为反映不同组织或个人从事某项活动的重要途径。可以说绩效评价产生和成熟于企业绩效评价,并在现代社会系统中得到更多的应用和发展。

目前理论界绩效评价对象主要有:个人绩效评价、组织绩效评价、跨组织绩效评价三大类。个人绩效评价模型主要用于人力资源评价领域。亨特提出认知能力、工作知识、任务熟练性和总体的上级绩效评定结果的评价模型。坎贝尔等人提出陈述性知识、程序性知识和技能及动机三个参数基础上的绩效模型。柏曼等人构建了包括成就导向、可靠性、获奖和违规受罚情况、情感等变量形成的任务绩效和关系绩效模型。组织绩效是对组织整体业绩的评价,根据组织目标与战略确定绩效目标以及评价指标,来推动绩效管理工作。组织绩效的早期研究者库普曼和德布鲁提出了生产有效性的概念,用以评价组织管理的相对有效性,但没有给出具体的测评方法。查恩斯于1978年创立了能够评价具有多输入、多输出复杂系统中测评单元相对有效性的数据包络分析(DEA)理论与方法。数据包络分析(DEA)成为组织绩效评价的主要方法。后期在此基础上又发展出模糊综合评价法、标杆测定法、财务指标分析、经济增加值模型(EVA)评价等一系列评价方法。跨组织绩效评价主要是将组织的战略延伸到组织外部的相关利益方,以组织内部、外部所有合作伙伴的价值最大化。

绩效评价理论在体育领域首先运用于公共体育的绩效评价。韦伟、王家宏运用主成分分析法对我国公共体育服务绩效进行了评价及实证研究;张凤彪运用结构方程模型对我国25个省、自治区、直辖市的竞技体育公共支出绩效进行评价,研究结果认为竞技体育公共支出绩效评价应重点关注效果类指标,即全国以上冠军数和优秀运动员获得冠军率;王秀香等构建了基于公民满意度的公共体育服务绩效评价体系。其次运用于体育组织运营绩效评价，如杜朝晖对大型体育场馆运营绩效评价体系研究，陈文胜等运用模糊数学对体育志愿者组织进行绩效评价，许金叶运用层次分析法对职业体育俱乐部的运营绩效进行评价。

从对国内体育领域中的绩效评价相关文献的搜索与整理中，我们发现，目前体育研究学者们在主要运用现代管理学中绩效评价的基本理论结合体育本身的行业属性构建了相应的绩效评价体系，在评价方法上主要运用现代运筹学、数学的方法增加评价的科学性和准确性。本研究也将运用绩效评价理论并结合模糊数学、统计学等定量研究方法对我国的青少年校园足球开展现状进行绩效评价，为政府和学校制定相关政策提供决策依据。

四、校园足球绩效评价现状

绩效在通常情况下做名词使用，在《现代汉语词典》中，绩效是成绩、成效的意思，是在特定范围内，在特定工作职能或活动上工作的行为和产出的结果，它既注重过程，也注重结果。绩效评价是促进个人和组织全面提升绩效的过程，是激发与强化相关责任人自身技能不断提升和更加胜任有关工作的过程，也是促进校园足球工作中各类资源优化配置、潜能持续开发的过程。校园足球是我国推进素质教育、引领学校体育改革的突破口，也是对青少年足球发展进行的一次重要改革和探索，但由于管理制度、措施与计划的不健全、职能部门责权利的不明确以及监督与制约机制的不完善，再加上具体实施过程中"执行人"在执行力度与正确性上存在的失误，就增加了校园足球特色学校的风险，对校园足球总体质量也会造成损害和不必要的资源浪费，从而影响到校园足球最终目标的实现。

欧美足球强国的青少年足球普及工作主要依托业余俱乐部，而提高工作则依托职业俱乐部的后备梯队，他们并没有形成我们所理解的校园足球。英国、德国于20世纪90年代开始对职业俱乐部采用关键指标（Key Performance Index）绩效评价的方法衡量其效益，但仅对后备人才培养机构的基本条件做了规定，近年来随着各国对足球后备人才培养的重视，关于后备人才培养机构的入门条件和晋级要求有逐渐升高的趋势。日本和韩国通过学校足球来提高足球普及度和竞技水平，目前日本足球后备人才的培养已形成"学校足球＋俱乐部梯队"两条腿的走路模式，而韩国仍以学校足球为主，尽管学校足球在两国足球后备人才培养中发挥了重要作用，但都未发现有关于此类学校评价的相关文献。

我国从2009年由国家体育总局和教育部发起校园足球活动以来，校园足球成为研究的热点，在中国知网利用高级检索，以校园足球为主题词并含评价，检索时间起止点设置为2009—2017年，共检索到期刊论文11篇，博硕论文18篇，可见相关研究数量较少，在有限的关于校园足球评价的研究中，研究焦点集中在两大类，第一类是关于校园足球可持续发展的研究，第二类是关于校园足球特色学校的评价研究，此外还有少量关于校园足球隐性课程、足球教师或教练员执教能力的评价等。鉴于本研究的目的着重对第二类研究进行阐述。

周兴生、谭嘉辉将"校园足球绩效评价"界定为：评价主体基于校园足球发展的预期目标,根据预先确定的评价标准与程序,运用科学规范的评价方法,对校园足球的管理行为过程以及结果的效率性、有效性与经济性进行科学、公正、客观、全面的衡量比较与综合评判。他认为在校园足球运行、发展的过程中,绩效评价能够有效分析和预测校园足球发展面临的风险,保证校园足球的健康运转。

绩效评价指标体系也是校园足球特色学校发展中不可缺少的一环,它能直观、清楚地反映当前校园足球发展的优势与不足,让特色学校能从中找到对应的发展对策。钟浩然认为校园足球特色学校绩效评价指标体系,是为了适应不断更新变化发展的校园足球环境,新加入的指标要素应能够对应上当前阶段的校园足球政策及状况,并应用服务于校园足球特色学校,是评判与检验校园足球特色学校发展水平的评价类工具。

针对校园足球当前发展情况,周叶构建了一个有 7 个一级指标,25 个二级指标,71 个三级指标的长沙市校园足球特色实验中学评价体系,在一定程度上为我国体育领域绩效评价理论的发展提供借鉴,同时通过调研与分析,然后进行评价,通过校园足球发展的情况,在一定程度上可以反映出我国现行体育发展的趋势。钟浩然在前人研究的基础上,为保证安徽省校园足球朝着正确的轨迹发展,为校园足球方面的工作和决策提供参考意见,构建了一套完整、科学、由 3 个一级指标、12 个二级指标、32 个三级指标组成的,适合安徽省校园足球特色学校绩效评价指标体系,以丰富校园足球绩效评价指标体系的研究。黄平结合广州市校园足球特色学校的现状和校园足球有关专家的意见,制订了一个有 8 个一级指标,44 个二级指标的广州市校园足球特色学校的绩效评价指标体系来对广州市校园足球特色学校开展校园足球活动的过程与结果进行一个客观评价,以促进广州市校园足球特色学校更好地开展校园足球活动,使更多的学生参与到足球运动当中来,扩大参与足球运动的人数,提高学生足球运动的技能水平,培养更多的优秀人才,从而提高我国足球运动的总体水平。周兴生、谭嘉辉从管理体系、人事体系、效益体系、比赛运行、安全体系、观念体系 6 个方面进行,基于风险管理相关理论的观点,确立了 6 个一级指标、23 个二级指标和 49 个三级指标的我国校园足球绩效评价指标体系。

孟青等在福建省的校园足球现状和国家校园足球公共政策分析的基础上,编制了可以直接评价福建省各中小学校园足球发展情况的《福建省校园足球公共政策执行绩效评价指标体系》。该体系包含了 2 个模块、4 个分类、12 个维度和 52 个题项,并且他们认为要正确认识绩效评价的目的,科学地发挥绩效评价在校园足球发展过程中的管理功能,各地区根据地区发展的情况对指标和权重进行调整,能够有效促进福建省校园足球健康、科学和快速地发展。

为了保障我国校园足球事业的健康发展,谭嘉辉等从绩效评价的角度出发,结合校园足球发展过程的实际情况,借鉴全面风险管理的思想、方法与工具,对我国校园足球的绩效评价进行了深入的分析。他确定了绩效评价指标体系中 6 个一级指标和 23 个二级指标的权重和各指标的相对重要程度,并较为客观地判断了我国校园足球实际发展的困难程度为"较高"水平,指出应该厘清校园足球发展的理念,健全校园足球正常运行的多维保障体系,提高校园足球绩效评价的信息获取与处理能力,以期为我国校园足球的健康发展制订出科学有效的措施。

李滨借鉴与参考哈皮特、戈沙尔的社会资本三维度理论和科恩、列文萨奥的吸收能力理论构建理论模型和分析框架,分别从结构、关系、认知三个维度及吸收能力进行测度与检验,包括解释、中介、被解释、控制等 4 类变量和相应 7 条假设路径关系,实证了社会资本对校园足球运行绩效具有正向影响作用。徐嘉等运用熵值法,从初拟的 45 个三级指标到最终优化为 17 个三级指标,建立了完善的关于甘肃省初级中学校园足球的评价指标体系,为甘肃省初级中学校园足球实施绩效的监督与评价提供科学理论依据,促进校园足球活动的可持续性发展。

尽管从校园足球的提出、校园足球特色学校的建立至今经过了数年的发展,但研究热度依旧不减,仍是当前研究的热点问题。《全国青少年校园足球特色学校复核指标体系》的发布,为全国各省市提供了复核考察方向,江苏、广东、浙江、湖南、贵州、安徽等省份也积极响应,对此,各地级市也发布了对于市内校园足球特色学校的考核方法。经梳理发现,各地校园足球特色学校绩效评价指标体系基本是以《全国青少年校园足球特色学校复核指标体系》为基础,根据自身地区校园足球的特点,在一定程度上改进以达到适应评价特色学校的目的。但校园足球是一项长期发展且处在不断变化的工程,不能对前者的研究进行生搬硬套,应以发展的眼光看待,科学的对校园足球绩效进行评价。

第三章　校园足球发展现状

本节主要梳理校园足球发展的历程、总结每个阶段的特征,通过调查以了解六年多来开展校园足球的总体状况如何,以及在目标贯彻、资源配置、训练和联赛、绩效评价等各个方面的情况。

一、校园足球开展历程

校园足球实施以来,对其概念的研究呈现出逐步深入、渐趋分化的特点,大致可以分为三个阶段,分别是政策主导阶段、内涵明晰阶段和内涵强调阶段。

(一)政策主导阶段(2009—2012)

此阶段由于校园足球活动刚刚发起,对于大多数研究者而言,面对学校足球中的一项新内容、政府与社会的厚望以及新闻媒体的强势报道,一时间显得不知所措,此时关于校园足球的概念更多地从文件解读的角度出发来进行阐述和定义,姜身飞、李钊、李雪伟强调校园足球是为贯彻《中共中央国务院关于加强青少年体育增强青少年体质的意见》的精神和《实施方案》要求,由体育和教育部门主办的、旨在增强学生体质、培养足球后备人才活动的总称。在此基础上,李纪霞(2012)强调校园足球是一项发展计划,张辉(2011)强调校园足球是人才培养模式,李卫东(2012)强调校园足球是联赛体系。

以上定义尽管从不同程度上强调了发起背景、实现目的和所要依靠的形式,但未能摆脱政策文本的束缚,更多是对校园足球表象的描述,对其本质性表述不足,内在规定性关注不够,当然概念的界定不能简单地判定对错,它反映的是对事物认识的角度、深度和广度,随着时间的推移这种认识也在逐渐地发生改变。

(二)内涵明晰阶段(2012—2014)

自2009年校园足球活动实施以来,校园足球发展中存在不同程度的"轻普及、重提高"的现象,对此有研究者指出这有悖于校园足球活动发起的初衷,此时关于校园足球概念的研究开始突破政策的束缚,逐渐关注校园足球的内涵。对此侯学华(2013)认为校园足球是"在广大学生中全面开展的以增进学生身心健康,培养德智体全面发展的人才为目标的足球相关活动的总称",又进一步从场所、范围、目标和形式四个维度做出说明,旨在指出校园足球发展实际出现的偏颇,突出强调面向全体学生做好普及工作的重要性;贺新奇(2013)认为校园足球专指学习和训练都在学校内的"学校模式"和学习在校内、训练在培养机构的"中间模式",不包括学、训、住三集中的"体校模式",对于此两者应在有所区分的基础上,有选择、有重心、分阶段、差异化地开展,鉴于此种认识起点,作者进一步指出在义务教育阶段应坚持和发扬校园足球,彻底摒弃非校园足球,高中和大学阶段可使二者协同竞争发展。从表面上看,作者是在对以教育属性为主导和以竞技属性为主导的足球进行区分,但实际上是着眼于足球发展规律和足球人才成长规律的前提下澄清校园足球和非校园足球的角色与任务。张长城(2013)通过对校园足球的"前世"进行追溯,指出校园足球等同于学校足球,然后运用逻辑学中"属性+种差"的方式对校园足球进行分析后强调校园足球是一项教育活动,并进一步明确了校园足球的4点内涵,即培养学生全面发展是其价值导向,培养后备人才是其指导思想,依托学校、体教结合是组织保障,采用教学、训练、多种形式的教育活动是其实践形式。

此阶段关于校园足球的概念的讨论虽然还在公共政策涉及的参与主体、开展场所、体教结合形式等领域内的讨论,但对客体上位概念的追溯和归位以及内涵的形成和发展,有了更多理性的认识,能够客观公允地指出前期理论研究中存在的误区,是认识的提高。

(三)内涵强调阶段(2015—　)

校园足球经过前期6年的发展,研究者开始透过校园足球发展现实中存在的"金牌崇拜、遏制同类"等问题表象思考背后所隐藏的管理体制错位、认识定位不清等深层次问题,归根结底还是如何认识校园足球的终极价值的问题,此问题在认识上"差之毫厘"便会造成实践中"谬以千里"的后果,这是首先要搞清的认知问题。对此毛振明教授强调校园足球要坚定"不只是体育,更是教育,不单是为足球,更是为校园"的立场,将校园足球定位于提升中国足球成绩是角色和功能的错位,校园足球要坚持教育属性,育人功能,注重氛围营造,强调学生的足球体验,切莫成为竞技足球的傀儡、职业足球的附属品。邱林认为校园足球是以促进学生全面发展、保证足球人才培养和足球事业可持续发展的教育活动傅鸿浩指出广义的校园足球是一项足球教育活动过程,而狭义的校园足球专指我国政府部门推动的一项公共事业发展计划。

此阶段关于校园足球概念的界定首先明晰了研究对象,异口同声地强调了校园足球的教育属性,其次强调了它的价值,包括对于学生的价值和对于足球事业的价值,这是感性认识丰富后,理性认识升华的结果,概念的明晰无论是对我们遵循教育发展规律、足球人才成长规律,还是对学校体育中足球活动开展的主次、先后都具有重要的指导意义。

二、校园足球资源配置情况

大力推进校园足球以来,校园足球发展的条件明显改善,但组织管理力量薄弱等问题十分突出,全国和地方青少年校园足球工作领导小组办公室没有专职人员,这是制约校园足球下一步发展的关键因素。长期以来,学校体育工作属于"小三门",在办学条件、师资配备等方面缺口较大,需要在人员编制、资金投入等方面加大保障力度。

(一)资金投入方面

2009 年 6 月国家体育总局和教育部一起牵头成立了全国青少年校园足球工作领导小组,决定每年拿出 4000 万资金全力打造校园足球的培训系统,而且这样的投入将持续 10 年。2013 年,国家体育总局开始从体育彩票公益金中拿出 5600 万元用于开展校园足球。2015 年全国青少年校园足球特色学校名单公布后,各省市先后成立了青少年校园足球工作领导小组、校园足球联合会,为各地校园足球初步建立了竞赛体系,并加强了足球师资的培训。另外在校园足球特色学校成立之初,国家体育总局在 2016 年给各特色学校拨款 2 万元作为启动资金,并且专款专用,只用于足球比赛中的开销及对学生的奖励,来帮助校园足球特色学校更好地开展校园足球。2016 至 2019 年中央财政累计投入青少年校园足球工作专项资金 6.48 亿元,并发挥了极大的"撬动"和"乘数"效应。据不完全统计,3 年来地方累计投入青少年校园足球工作近 200 亿元,下一步将积极争取财政部加大青少年校园足球专项资金的扶持力度,增加至每年 5 亿元,以有支持和保障未来在全国 250 个左右的青少年校园足球"满天星"训练营,为义务教育阶段学校输送足球师资和提供部分场地建设资金等。可校园足球工作依旧存在着发展不平衡、不充分的问题。有条件的地区投入校园足球工作的经费甚至超过中央财政投入的校园足球扶持资金,而条件薄弱的地方甚至难以设立校园足球扶持资金。未来,将以青少年校园足球"满天星"训练营为依托和载体,推动青少年校园足球特色学校落实教学、训练、竞赛、支撑保障和评价激励等体系建设,健全学校体育意外伤害保险机制。

(二)设施配备方面

标准的运动场地、齐备的运动设施是学校开展体育教学和体育训练的必要基础。足球的场地器材不仅承载着日常足球的教学、训练活动,还承担着校园的体育活动和教学的开展。而中小学学生正处身体发育的黄金时期,更是技能学习的黄金时期。虽然,大部分学校在数量上能满足校园足球活动的开展,但是场地大小和场地质量的问题仍不容乐观,除了行政部门加大投入外,学校自身也需要采取措施来解决场地问题。

自 2014 年以来,教育部和地方教育行政部门充分利用教育系统所拥有的师资、场地、教材等条件,主要推进青少年校园足球工作,并取得了长足的进步。但由于历史原因,教育系统所拥有的足球场地场馆、教练和专业技术力量非常薄弱,而体育系统长期从事体育普及和竞技提高工作,具有较好的足球场地场馆资源和专业技术力量。但由于管理体重问题,体育系统推动所属足球场地、场馆资源的力度有待加强。浙江省为解决场地短缺问题,制定了《浙江省足球场地设施建设规划(2016—2020 年)》,2017 年投入了 7867 万元人民币,在 157 所中小学新建了笼式足球场,实现全省各市、县全覆盖;2018 年为 120 所中小学建设笼式足球场,实现笼式足球场遍地开花。

(三)师资队伍方面

一支优秀的教师团队能在很大程度上决定一所学校的教学质量。近年来,国家大力加强师资队伍建设和培养培训力度。完善校园足球师资培养培训体系,委托中国教科院开展校园足球骨干师资国家级培训、校园足球特色学校校长和体育教师培训,共培训校园足球骨干教师 6837 名、卓越教师 2000 名、校长 6837 名。与中国足协合作,委托中国足协秦皇岛基地举办了 102 期亚足联 D 级教练员培训班,共培训 D 级教练员 2488 名。选送 420 名校园足球教练员赴法国、英国进行为期 3 个月的专业技能培训,开阔了基层体育教师和足球教练员的视野,提高了他们的足球专项技能,其中有 59 名教练员取得英格兰足球总会颁发的 L3(相当于欧足联的 B 级)足球教练员等级证书。实施《学校体育美育兼职教师管理办法》,完善退役运动员、优秀教练员、社会体育指导员、有体育特长的社会人员兼职校园足球教师制度。并引进外教职教,2018 年聘请 140 多名高水平外籍足球教师到国内任教,使青少年学生在国内能够学习到国外先进的足球理念和训练方法。其中,为 47 个全国青少年校园足球"满天星"训练营各配备了一个高水平外教。这些足球外教发挥了重要作用,他们的工作得到了所职教学校的师生和地方教育行政部门的高度认可。

各地区精准实施教师培训,通过线上线下相结合的方式对不同年级的足球教师分别进行培训,组织专家队伍进行线上辅导和线下培训。不断推进青少年校园足球师资、场地、经费、运动风险防范和意外伤害保险等支撑保障体系的同时,不断完善校园足球的评价激励体系。

三、校园足球开展情况

(一)足球课程方面

足球训练是一个需要长期培养的过程,应该从低年级就开始开展,让孩子越早接触足球,对后期影响就越大。这样一方面可以从小培养学生对足球运动的兴趣,另一方面可以从小培养孩子的体能、协调性和观察能力。国家启动了校园足球资源库建设项目,策划了一批教育意义突出、教学价值突出的校园足球教学视频、专题节目,作为校园足球规范性教学的有益补充。目前,"天天足球""校园足球战队""校园足球先锋"等教学视频已上传至教育部门户网站"校园足球"页面"校园足球资源库"栏目。360 集教学视频已录制完成,正在进行后期制作,并于 2019 年上线。

根据试行指标的要求,特色学校要把足球课作为体育必修课,并且每周至少要开设一节足球教学课。上海市将足球作为体育课程改革的重点内容,初步构建了大中小学一体化的校园足球课程体系,基本实现了"校园足球特色学校每周一节体育课,其他学校每周一次足球活动"的目标。通过每周一节足球课的形式来普及校园足球,是非常好的,但从足球运动的特点来看,足球运动比较困难,一周一节的足球课并不能让学生更好学习和练习足球,许多教师也反映一节足球课次数太少,无法很好地安排教学计划,学生的足球水平无法得到更好提高。另外足球活动的开展需要有一定的延续性,应该从一年级开始都持续开展足球活动,让学生能系统、持续地学习足球。

(二)足球课外活动方面

校园足球活动的开展不应仅限于在足球课上,一味地对学生进行授课容易使学生觉得形式单一、枯燥无味。在足球课、足球专项教师数量有限的情况下,很多特色学校开展了课外足球活动。课外足球活动的开展形式多种多样,它削弱了教师的主体地位,更多的引导学生主动进行活动,可以极大地促进学生对足球的兴趣。像大课间开展的球操等趣味练习、足球兴趣班和足球俱乐部活动等,学生在参与之中能够学玩并存,还能作为足球课的课外延伸和补充。可当前社会上普遍存在"重智育、轻体育"的传统观念,以文化课成绩为评价学生学业的最重要指标,不少学生家长担心孩子踢足球会影响学业成绩,并且部分学校受条件所限难以开展校园足球活动,在校园足球活动开展存在不充分和不到位的情况。

(三)课余足球活动与训练方面

足球训练是在足球教练的指导下进行的有组织、有计划的训练活动,对提高运动员技能和成绩具有重要意义。通过校园足球活动培养优秀的足球人才最基本的途径就是足球训练,只有通过科学的训练指导,才能让这些足球运动好苗子长成真正有竞争力的运动员。2018 年高水平建设 47 个全国青少年校园足球"满天星"训练营,力推"开放包容、互鉴共赢"的新格局,充分吸收足协、体育部门、职业俱乐部及国内外相关优质资源的先进力量,着力实现"五高"(即配备高水平教练、实施高水平教学、开展高水平训练、组织高水平竞赛、落实高水平保障)。选聘高水平教练作为各区域的校园足球首席专家,带动区域所有的校园足球教师和教练员组建校园足球战术体系。组织高水平专家团队加强对"满天星"训练营的指导和监督,示范引领校园足球工作提质增效。

其中,北京、上海、内蒙古等地积极探索建立省、市、区级校园足球训练营,校园足球特色学校、足球项目传统体育学校等积极开展课余训练,不断完善校园足球多层次、立体化的课余训练体系。

有校队,有训练,那么学训矛盾就一定会存在。学训矛盾一直是学校体育发展中不容忽视的问题,不同的足球教师对于足球运动中出现的学训矛盾的处理方式不同。研究发现,为了使参与训练的学生获得一个较高的升学率,避免学生因成绩问题而造成足球训练资源的浪费,培养更多的足球运动专业人才,学校的校队训练时间均集中在下午放学后,少部分学校有早训、周末集训、寒暑假集训等,尽量不影响到参训学生的文化学习时间。另外,还有一部分文化老师认为对参训学生可以进行无偿补课,让学生能保证正常学习的机会。校园足球开展的目标是立德树人,以育人为本,提高学生身体素质,打牢底层基础,为未来中国足球发展提供保障。学训矛盾的解决要针对不同的学生、不同的学习成绩来进行。足球教师应该多关注学生的学习成绩,在训练时间向学生灌输学习成绩同样重要的观念,关注学生的成绩,并对此合理安排训练时间,提高训练和学习效率,寻求正确处理学训矛盾的手段。

(四)足球文化建设方面

学校对足球运动的开展要从多方面进行,除了开展足球课、足球活动、足球训练等,还需要注重对校园足球文化的建设。"没有文化的足球是沙漠足球",校园足球运动良好的开展,离不开校园足球文化的宣传和构建。只有积极推广校园足球文化,营造良好的足球氛围,才能让学生真正融入和参与到校园足球活动当中,让更多的学生了解足球这项运动,参与进来感受足球的魅力并产生浓厚的兴趣,以提升学生对参与校园足球活动的积极性,最终树立终身体育锻炼的意识。

为塑造深厚的足球文化,教育部积极争取人民日报、新华社、中央电视台等数十家媒体多角度、全方位的报道校园足球,制作了以校园足球特色学校、试点县(区)和改革试验区为宣传对象的48集《校园足球先锋》、以校园足球夏令营为主题的41集《中国少年足球战队》和100集《校园足球新长征》专题片。夏令营期间,由人民网、新华网、中青在线、中国教育网络电视台、企鹅直播等对全国分营的部分场地和全国总营的全部场地共300多场比赛进行网络直播,并对其余500多场比赛进行录播。同时足球频道对部分比赛场次进行电视直播,通过丰富、立体的宣传报道和全面、及时的赛事播出,对树立导向、完善校园足球言论宣传体系起到至关重要的作用。依托教育部门户网站建设校园足球主页、创建校园足球微信公众号,在全国青少年校园足球展示平台为所有校园足球特色学校建立校园足球工作垫子档案,各省级、市级、县级校园足球工作机构也普遍通过建立官方网站、"两微一端"宣传推广校园足球,营造了校园足球发展的良好氛围。

在校园足球文化的建设方法上,可以通过丰富足球教学手段、积极开展课余训练等方法促进足球活动的氛围;另外还能直观的通过宣传来建设校园足球文化,如设置足球宣传栏、足球明星进校园、在校园杂志或报纸以及在校园广播站中对足球进行宣传与推广等。目前,极大部分校园足球特色学校非常重视校园组曲文化的建设,但是还有一少部分学校还没有开始甚至不重视建设校园足球文化。就这种情况而言,首先各特色学校应加大对文化建设的重视,并丰富文化建设与宣传的手段。只有营造一个良好的校园足球氛围和文化,让学生慕名而来,并从踏进校门的那一刻就感受到学校自身独特而浓厚的校园足球文化,才能更好地促进校园足球活动的开展。

(五)联赛开展方面

足球比赛是检验学生和教练员足球水平的有效手段,它可以有效地调动教练员和学生的积极性,培养学生的竞争精神,不断提高技能水平,同时在比赛中获取的成绩也是学校评定足球特色学校的重要条件。自 2009 年校园足球活动提出来后,校园足球联赛活动逐步展开,但还不够完善。

竞赛是校园足球工作开展的关键。在国家层面,近年来持续深化建设以"校内竞赛—校际联赛—选拔性竞赛—出国交流比赛"为一体的校园足球竞赛体系。推动校园足球特色学校深入开展校内班级和年级竞赛,在全国广泛开展小学、初中、高中和大学四级联赛,并不断完善联赛制度。各地校园足球四级联赛比赛场次、参赛人数呈现逐年上升趋势,形成"班班参与、校校组织、地方推动、层层选拔、全国联赛"的校园足球竞赛格局,校园足球的鱼人功能得到进一步发挥。2018 年,参加全国青少年校园足球高中联赛达 25000 人次,参加全国青少年校园足球大学联赛达 37500 人次。2018 年,全国青少年校园足球夏令营分营共有 11 个组别的 300 多支队伍,近 7000 名男女运动员、上千名教练员,以及近 200 名国内外校园足球专家参加,选拔出 2457 名优秀运动员入选分营最佳阵容,并参加夏令营总营。同时邀请西班牙甲级联赛联盟、德国足协与拜仁足球俱乐部高水平外籍专家团队,外籍专家团队在中方专家组的配合下,全面负责夏令营最佳阵容选拔,保证选拔的公平、公正、公开。

各校园足球特色学校也积极开展课余训练,每年寒暑假组织各年龄段学生参加令营,不断完善校园足球多层次、立体化的课余训练体系,切实提高校园足球学生运动员的运动技能和竞技水平。

(六)校园足球开展的典型案例

1. 北京市丰台区

(1)规范制度建设,完善校园足球工作机制

被认定为足球改革试验区后,一是强化组织领导,成立以主管教育副区长张婕为组长、教委主任为副组长、两委一室领导为成员的"丰台区全国青少年校园足球改革试验区工作领导小组",研究校园足球普及推广工作。二是强化制度建设,出台《丰台区全国青少年校园足球改革试验区实施方案》等制度性文件,打牢制度基础。三是强化协同推进,按照政府主导,体教融合,其他相关部门共同参与的原则,建立区校园足球工作联席会议制度,科学推进丰台区全国青少年校园足球改革试验区建设。四是明确各职能部门职责,细化分工,设立校园足球管理办公室(区校足办设立在区体卫中心)、成立校级校园足球领导小组,分级层落实推动此项工作,提升学校校园足球的管理水平。

(2)有效整合资源,坚持普及与提高并重

一是推进足球教学改革,将足球纳入区级统筹教学在全区 70 余所学校每周开设足球课,把足球作为体育课程重要内容。鼓励 27 所学校开发了足球校本课程,并要求把足球特色学校把足球作为体育课程必修内容,每周每班不少于 1 节足球课,不少于 3 次以足球为主要内容的大课间或课外活动。二是完善足球竞训体系,创建班级、年级和校足球队,发展校园足球社团和俱乐部,目前多所学校和俱乐部开展合作,为喜爱足球和有足球潜能的学生提

供学习、训练和展示机会。建立系统规范的赛制,开展形式多样的赛事。以组织开展各项赛事为引导,建立班际、校际、教育集群、区级四级联赛制度,形成了丰台区校园足球比赛的完整体系。积极组织开展丰台区中小学足球联赛,形成"校校参与、层层选拔、全区联赛"的格局。区级层面:每学期安排一次区级比赛:第一学期举办丰台区中小学生校队足球联赛;第二学期举办丰台区中小学生"三大球联赛"的足球比赛。2019 年组织各级各类校园足球比赛 200 场以上,直接参与学生 1 万人次左右。三是畅通人才成长通道,加强后备人才贯通培养。以北京市十八中所在的方庄集群为例,目前已初步形成了从幼儿园、小学到高中的校园足球一贯制培养模式,在集群内完成从幼儿园到高中的学段衔接。目前,方庄教育集群先后与北京八喜足球俱乐部、大连万达足球俱乐部、广州恒大足球俱乐部等签订协议,打通向职业俱乐部输送人才的渠道。同时还与高校积极建立联系,北京市第十八中学目前已经成为北京理工大学和北京航空航天大学的足球基地校,北京理工大学和北京航空航天大学可在十八中的足球特长生中直接选拔足球队员,选中的学生能够直接升入这些大学。四是培育校园足球文化。创设足球育人文化环境。把足球竞赛等主题教育活动作为校园文化建设的重要内容,鼓励有条件的学校定期举办以特色足球文化为主题的"校园文化节",开展趣味赛、足球游戏、亲子赛、嘉年华、夏令营、小球王评选、足球论坛活动,邀请家长共同参与、形成互动,营造"人人都喜欢、人人能参与"的校园足球文化氛围。定制"四小"培训活动。与北京市足球运动协会等专业机构合作,开展小裁判、小教练员、小记者、小解说员培训。五是推进校园足球特色校建设。一方面在国家、市级特色校创建。在原有的全国足球试点校和国家、市级足球特色学校的基础上,继续加大创建力度,体现特色、形成模式、凝练经验,市级校园足球特色学校数量从 19 所增加至 24 所。另一方面区级足球社团、项目校建设。该区科学制定评选标准和创建方案,逐步扩大规模,加大扶持力度,打造区域推进校园足球活动的"航母战斗群"。

(3)夯实三个保障,助力校园足球发展

一是加强师资队伍建设,采取集群轮训、俱乐部集训、选送国内外骨干研修培训等方式,联合北京市足球运动协会定期举办"足球教师培训""等级教练员培训""足球裁判员培训"。实施教练员裁判员持证上岗,打造一支专兼职相结合的校园足球教师和教练员队伍。45 所学校外聘 65 名专业足球教练,全区有 29 所学校和俱乐部开展合作,进行指导训练。实施校园足球海外引智计划,2019 年为芳城园小学等学校引进外籍足球教练到校开展校园足球教育教学和相关活动,带动该区中小学体育教师改进教学方法,提升青少年校园足球的教育教学质量。二是加强场地设施及保障机制建设,一方面加快学校体育场地建设,统筹市级转移支付和本级财力,按照因地制宜、逐步改善的原则,规划和建设简易实用、小型多样化的足球场地设施并逐年扩展。全区中小学有 7 所 11 人制足球场,30 所 7 人制足球场,30 所 5 人制足球场,43 所学校有人工草坪足球场。实施"网式足球"场地建设项目 10 个。2018 年至2020 年三年新建、修缮改造校园足球场地共计 15 块。另一方面推动场地设施共建共享,通过与方庄公园等签订足球场地租赁协议,为丰台区 11 所没有足球场地的学校提供场地支持。三是建立督导评价体系,研制校园足球教学、优秀工作者、优秀校长评选活动方案,调动各方参与校园足球活动的积极性,在组织区级评选评优的基础上,推荐参加市级校园足球各项评选活动。

2. 河北省邯郸市

(1)加强领导,统筹实施,奠定校园足球工作坚实基础

邯郸市在组织领导、政策制定、设施建设等方面综合施策,铸牢校园足球工作基础。一是强化组织领导。市政府高度重视青少年校园足球工作,成立了多部门共同参与的邯郸市足球改革工作领导小组,印发了《关于推进邯郸市足球改革发展的实施意见》等文件,大力普及足球等运动项目。成立了以市教育局主要领导为组长,分管领导为副组长,相关处室负责人为成员的邯郸市青少年校园足球工作领导小组,印发了《关于成立邯郸市青少年校园足球工作领导小组的通知》,制订了全市校园足球工作领导小组工作职责和议事规则,同时各县(市、区)教育部门也参照成立了本地校园足球工作领导小组,推进本地校园足球改革试验工作。印发了《关于在全市中小学深入开展青少年校园足球运动的实施意见》,明确工作目标,制定推进措施,全面推进校园足球改革试验区建设。二是注重师资配备。邯郸市在每年教师招聘计划中专门列入中小学足球专项教师招聘名额,保证每所市直学校至少有一名足球专项教师。邯郸市曲周县采取直签直聘、外聘兼职等多种方式配足补齐足球专业人才。同时,各县(市、区)采取有足球特长的学科教师和志愿人员担任兼职足球课教师、优秀足球骨干教师"走教制"等模式,缓解专业教师短缺问题。近三年,全市通过政府招聘、直签直聘、专兼结合、体教融合、人事代理等形式补充足球专项课教师300余名。三是加强场地建设。邯郸市建立了政府支持、市场参与、多方筹资的校园足球发展经费投入机制。鼓励企业、个人等以捐助冠名等方式投入校园足球场地建设,并利用城市空间及绿地,合理修建足球场地,提高现有场地使用率。目前,邯郸市建有11人制足球场71块,非11人制足球场930块。四是争取社会支持。加大政策引导力度,调动社会力量支持校园足球发展的积极性,鼓励有条件的企业、体育俱乐部及其他社会组织联合开展有利于校园足球发展的公益活动,引导社会资本进入校园足球领域。邯郸丛台酒业集团每年赞助举行"市长杯"青少年足球比赛,北京"甄客"足球运动俱乐部连续三年赞助支持全市青少年校园足球联赛,曲周县共有49所学校与49家企业结对,企业为冠名球队提供必需的经费支持,球队利用各种场合为企业宣传,扩大企业知名度和美誉度,达到合作双赢、共同发展。

(2)创新载体,搭建平台,促进校园足球工作开展

邯郸市坚持把推广普及、特色发展作为校园足球工作的重中之重,统筹开展特色活动、课程教学、竞技比赛等,不断提高足球普及程度。一是创新活动,以特色促普及。邯郸市今年全国校园足球特色学校又增5所,总数达到195所,稳居全省第二位。积极创建全国足球特色幼儿园26所,其中4所幼儿园入围全国足球特色幼儿园示范园试点名单。印发了《关于在全市中小学强力推进体育艺术特色学校建设的实施意见》,把校园足球确定为全市中小

学体育特色项目。目前,全国青少年校园足球特色学校学生普及率达90%以上。二是完善课程,以教学促普及。邯郸市要求各中小学校从课程设置、内容开发、活动开展等方面全面落实校园足球课,立足实际,积极编创适合学生身体年龄特点的校园足球校本教材。目前,邯郸市主城区和曲周、峰峰等县(市、区)均已编创本地覆盖义务教育学段的足球校本教材,指导学校上好足球课。严格按照国家规定的课程标准开足开齐体育课,小学1~2年级每周4课时,小学3~6年级和初中阶段每周3课时,高中阶段每周2课时,坚决杜绝减课、占课,甚至不开课等现象。足球特色学校严格落实每周至少要上一节足球课的刚性要求。三是搭建平台,以竞赛促普及。2015年以来,邯郸市连续举办了五届全市青少年校园足球联赛,赛事规模逐年扩大,形成了完备的市级、县级、校级、班级四级联赛体系。2019年,邯郸市重点推进足球赛事改革,将联赛分为春秋两赛,引入升降级制度。共有155支代表队、3000余名运动员直接参与到青少年校园足球联赛中,比赛场次达300余场,成为自2015年以来,邯郸市开展的规模最大、时间最长、人数参与最多的青少年校园足球赛事。邯郸市积极开展京津冀足球比赛交流活动,于2016年和2019年举办两次京津冀校园足球邀请赛。邯郸市还提出了在规模学校中建立"三团、三队、三组",其中"三队"指的就是要在学校中组建田径队、太极拳队和球队。目前,全市中小学已普遍建立了班级队、年级队和校足球队,校园足球高水平运动队已达十余支,各阶段校园足球队也在全省乃至全国的比赛中取得优异成绩。四是营造氛围,以文化促普及。邯郸市十分注重加强校园足球文化建设,在师生中倡导"校园足球文化",开展以"玩足球、画足球、讲足球、赛足球"为主要形式的"校园足球文化节"活动,宣传足球知识,普及足球活动,提高学生参与足球运动的热情。2014年12月邯郸市被国家体育总局确定为全国啦啦操试验区,作为和校园足球有着密切联系的校园啦啦操运动,在邯郸市中小学生中也是蓬勃开展。邯郸市连续五年组织开展中小学啦啦操比赛,每年共有100余支队伍参与其中,直接参与人数达3000余人,校园啦啦操已经成为为校园足球加油助威的一道靓丽风景线。

(3)健全机制,落实考核,保障校园足球工作健康开展

邯郸市坚持把制度建设、督导考核作为校园足球工作的重要保障,建机制、严考核,高效推进开展。一是健全学生激励机制。邯郸市曲周县出台了中小学足球后备人才招生办法,打破特长生招生区域限制,实行特长学校与特长生双向选择,畅通了足球特长生升学通道。邯郸市一中、二中、三中、四中等高中足球特色学校,积极强化校园足球梯队建设,注重足球苗子的从小培养,与义务教育阶段足球特色学校建立合作关系,实现青少年足球后备人才的合理流动和输送。二是健全体教融合机制。积极与市体育局、市足协、社会足球俱乐部建立合作关系,聘请足球专业教师团队进校指导足球训练,指导学校组建高水平运动队。发挥足球俱乐部人才输送培养的作用,把青少年优秀足球后备人才输送到足球职业俱乐部,为国家足球事业发展贡献力量。三是健全足球联赛机制。邯郸市建立了市、县、校、班四级竞赛体系,采取选拔赛、分区赛、总决赛的形式,层层发动、层层选拔,进一步引入了升降级制度,坚持春秋两赛,形成了较为完善的联赛长效机制,这种模式也在各县(市、区)得到了复制和推

广。四是健全安全保险机制。制定完善青少年校内外足球活动和竞赛的安全管理制度,通过发放家长知情同意书和安全保障责任书,及时告知参与足球竞赛活动中存在的风险和必要的身体条件,并要求家长签名确认。要求全市各中小学在全面落实校方责任险的基础上,外出比赛必须购买体育运动意外伤害险,明确责任人,落实责任制,消除安全隐患。五是健全现场会机制。注重发挥先进县(市、区)和学校的示范引领作用,坚持每年在先进地区和学校召开一次全市范围的校园足球现场推进会,通过现场学习观摩、座谈经验交流和开展工作汇报,促进全市校园足球工作整体提升。2017 年河北省青少年校园足球现场推进会在邯郸市校园足球试点县曲周县成功召开,为全省乃至全国提供了可借鉴的"曲周模式、邯郸特色"校园足球工作经验。邯郸市又先后两次在曲周、峰峰召开全市校园足球现场推进会。六是健全督导考核机制。邯郸市始终把校园足球工作作为重要指标列入对县(市、区)教体局和市直学校的年终考核内容,把考核结果与评优评先紧密结合。建立全国青少年校园足球特色学校复核制度,每年组织专人对全市全国青少年校园足球特色学校开展复核,复核率不低于 30%。对复核结果及时通报,对复核评价为不合格等次的要限期整改,确保全部达标。

3. 黑龙江省哈尔滨市

(1)根据相关政策制定新举措

校园足球工作是一项事关教育改革发展和体育改革发展的重要任务,教育部党组高度重视,出台了一系列的校园足球制度文件,黑龙江省教育厅结合相关文件推出了一系列新举措。在该省教育厅领导下,哈尔滨市(以下简称哈市)于 2015 年 3 月积极响应,全面部署推进校园足球的相关工作。2016 年,南岗区获批全国青少年校园足球改革试点县(区)。2017年哈尔滨市积极争创全国青少年校园足球改革试验区。2018 年获批设立全国青少年校园足球改革试验区后,在省教育厅和市政府的关心下,在教育部校足球办指导下,在南岗区校园足球改革试点县(区)的模式基础上,积极配套出台相关政策文件等工作,在校园足球普及与提高、在竞赛组织与管理、在足球特长生成长路径、在校园足球教师与教练员建设上等方面着力改革,推动哈市校园足球工作向前发展,呈现良好态势。教育部全国校园足球领导小组对哈市独创开展的校园足球文化节做出了高度认可与评价,认为哈市模式选得准,充分融合媒体宣传,有机融合地域特色,值得全国学习与推广。该省教育厅高度重视哈尔滨市校园足球改革试验区工作,在工作布局中多次给出明确指导意见,在工作推进中教育厅体卫艺处领导多次深入哈尔滨市进行视导,促进了哈尔滨市足球改革试验区工作高质量发展。三年来,承接两次承接全国青少年校园足球夏令营第一营区(小学组),西甲教练和中方专家对哈市 127 所校园足球特色校教练员进行培训。哈尔滨市现有"满天星"训练营 2 个,足球特色学校 186 所。

(2)通过足球改革试验区进行积极探索

经过 3 年的努力,哈市校园足球改革试验区在以下九个方面进行积极探索:

　　一是完善校园足球工作机制。成立哈尔滨市校园足球工作领导小组,制定并印发了《哈尔滨市校园足球发展规划(2019—2025)》《加快发展哈尔滨校园足球的实施办法》《哈尔滨市校园足球特色学校基本要求》《哈尔滨市校园足球特色学校奖惩及准入、退出办法》《哈尔滨市足球特色幼儿园发展方案》等相关文件。二是进一步推进校园足球区域引领。2019年哈尔滨市松北区获批全国青少年校园足球"满天星"训练营。2020年哈尔滨市南岗区获批全国青少年校园足球"满天星"训练营。三是建立"市校"合作机制。先后与哈尔滨市师范大学、哈尔滨市体育学院建立学生实习基地和科研基地,充分利用高校的专业师资力量展开培训活动以及组织标准化赛事。四是2018年成立哈尔滨市校园足球运动协会、挂牌哈尔滨市校园足球活动培训基地。通过哈尔滨校园足球运动协会,广泛吸纳社会资源,整合一些专业的足球俱乐部以及体育赛事公司,招募社会公益资金,服务校园。例如,成立了哈尔滨市校园足球高校联盟、校园足球通讯社、校园足球媒体联盟,并计划成立校园足球企业联盟,多角度共同助推哈市校园足球发展。五是搭建足球人才进步阶梯。进行足球基点校规划,优先扶持九年一贯制学校申报足球基点校,进行高中招收艺体特长生招生改革,省市艺体基点校自主招生,不设报名门槛。解决了足球项目优秀运动员不受球队比赛名次限制,独立报名考试问题。六是设立青少年校园足球文化节。连续两届举办哈市校园足球文化节活动,深化哈市校园足球活动,深受广大师生喜爱。比赛中特色校联赛首次采取了升降级的比赛模式,有效地调动了学校及运动员的参与热情;首次进行了室内五人精英赛;首次采用了网络视频直播、现场解说、赛事回看系统,各参赛学校利用大课间观看比赛。这标志着哈市校园足球赛事活动传播报道实现网络化、数字化。例如,首届校园足球文化节于2017年10月10日至2018年2月6日举办,共有73支代表队参加比赛,共计4700余人次参与,完成了百余场比赛,媒体报道80余篇。第二届于2018年11月12日至2019年5月26日举行,共有89支代表队参赛,共计6000余人次参与,完成了百余场比赛,媒体报道近百篇。七是推出雪地足球嘉年华活动。充分结合地域特色,发挥冰雪优势,进行地域特色雪地足球项目的全面开展,设立雪地足球比赛,有效延伸足球运动在北方的活动时间,激情引趣,创新载体,增强了校园足球运动的吸引力与感染力。八是校园足球特色学校创建,促进学校形成独特的校园足球文化和精神,助力学校综合实力提升,多所学校完成由薄弱校向地域名校的转身。九是利用了全媒体宣传的方式,首创了全国校园足球的全媒体推广方式,以中央电视台一套、新华社、中央人民广播电台、人民日报为主的近千次专题报道及转载;采用了多个新媒体平台对足球赛事活动进行全程线上直播,增强了校园足球的影响力。

4.吉林省延边朝鲜族自治州

（1）以构建发展体系为抓手,健全校园足球体制机制

　　贯彻落实教育部等六部门印发的《关于加快发展青少年校园足球的实施意见》的精神,根据《全国青少年校园足球改革试验区改革发展备忘录》的要求,把校园足球工作纳入该州教育工作全局和教育体制改革重点任务进行总体谋划,为扎实推进该州校园足球发展奠定

良好基础。一是工作体系得到建立。自 2015 年吉林省延边朝鲜族自治州(以下简称延边州)确定为国家级校园足球改革试验区以来,州委、州政府高度重视,成立了州政府副州长为组长、各委办局副职为成员的延边州校园足球改革工作领导小组,连续四年定期召开全州校园足球改革工作领导小组会议,明确涉"足"部门的职责分工,形成教育部门牵头抓总,体育、发改、编办、财政、人社、宣传、共青团等单位协同配合的常态机制,建立政府统筹、部门协调、社会参与、保障有力的延边特色青少年校园足球发展服务体系。加强队伍建设,经州编委会同意,州教育局增设 2 个编制,专门负责全州校园足球工作。二是政策措施得到完善。州委、州政府始终将校园足球改革工作作为全州各项改革工作重要位置,相继出台《延边州人民政府关于促进延边足球发展的意见》《延边州校园足球改革工作实施意见》《〈延边州校园足球改革工作实施意见〉分工方案》等系列指导性文件,使校园足球工作走上规范化、制度化的发展轨道。三是群团组织得到加强。成立了州、县市两级校园足球协会,组建全州校园足球专家咨询委员会和裁判员委员会,致力于延边州足球后备人才培养,切实发挥足球专家的优势和作用,强化专业化指导与服务。

(2)以搭建课程体系为平台,健全校园足球教学机制

延边州充分发挥学校在实施校园足球主阵地作用,立足促进青少年身心健康、全面发展,尊重教育发展规律、足球运动规律和足球人才成长培养规律,以普及校园足球运动为核心,以建立校园足球竞赛体系为重点,以校园足球特色校建设为依托,创新载体,激发活力,全力打造延边校园足球特色品牌。一是以校园足球特色校建设为载体,打造校园足球新品牌。全州共有国家级青少年校园足球特色学校 118 所、足球特色幼儿园 15 所,教学课程开设率均达到 100%。部分县市 10 余所学校创建了女子足球代表队,经常参加足球运动的学生保持 8 万名左右,使校园足球成为我州各中小学的新标签、新品牌。二是以普及校园足球运动为核心,创新校园足球新内容。加强课程普及与校园文化建设相结合,开展足球进课堂、进校园文化活动,鼓励学校自主开发足球校本教材,成立足球社团,举办校园足球节系列活动,将足球精神融入校园文化,培养学生对足球运动的兴趣爱好。突出课堂教学主渠道作用,全州国家级校园足球特色学校足球教学课每周保证 1 课时,高中每学期足球教学课不少于 20 学时,每学期至少组织 1 次校内班级足球联赛等。确定每年 8 月 8 日为延边足球节,至今共举办 3 届校园足球节,校园足球活动内容得到创新。三是以建立校园足球竞赛体系为重点,发挥校园足球新效能。加强教体合作,系统规划校园足球教学、训练、竞赛体系建设,完善竞赛机制,打通校园足球与青少年足球精英人才的衔接通道。大力推进校内比赛、校际联赛、县市联赛和全州总决赛等联赛常态化建设,每年定期举办"校长杯""市长杯""州长杯"三类大型正规赛事。每年全州举办校际足球比赛 500 余场,县市级比赛 300 余场,州级比赛 200 余场,共有 7000 余人次、300 多支球代表队参加全州各级校园足球赛事,在足球特色学校呈现出"班班有球队,周周有球课,月月有球赛"的可喜局面。2020 年,受疫情影响,全州各项比赛从下半年开始举办,先后举办全州中小学生第三十一届"州长杯"青少年足球比赛、全州青少年足球锦标赛、延边州首届"体校杯"足球锦标赛。2019 年,共有 11 名中

小学生入选全国校园足球夏令营总营,4 名学生入选全国青少年校园足球训练营总营最佳阵容;2020 年,共有 15 名中小学生入选全国校园足球夏令营总营,5 名学生入选总营最佳阵容,1 名队员入选总营最佳阵容替补,1 名教练员获得总营最佳教练员称号。四是以强化交流合作为依托,开辟校园足球新途径。积极参加国内各项足球比赛、活动的基础上,充分利用地域优势,全面加强中韩青少年足球交流合作,连续多年每年选派近 240 余名全州优秀足球特长学生赴韩国、北海等地开展 40 天的训练营和友谊赛,让延边州校园足球特长学生在与韩国青少年的足球比赛、交流中提高竞技水平。成功承办教育部"全国校园足球夏令营(第一营区)"活动,吉林、黑龙江等四省市共计 700 余名运动员、教练员参加活动。加强国际交流,开展 2019 年中国延边首届东北亚国际青少年足球邀请赛,邀请朝鲜、韩国、俄罗斯、日本四个国家的中小学生与延边州学生同场竞技,丰富学生比赛经验。五是以教体合作为支撑,探索校园足球后备人才培养新模式。2018 年,延边州教育局入选教育部拟定的"青少年校园足球满天星训练营名单";同年延边足协青训中心获批为"中国足球协会青少年足球训练中心"。为深入推进"满天星"训练营和足协青训中心建设,州教育局、州体育局达成共识,签订了《共建延边州校园足球"满天星"训练营合作框架协议》,联合印发《延边州校园足球"满天星"训练营建设实施方案》,向龙井海兰江足球小镇授予"延边州校园足球'满天星'训练营竞训基地"牌匾,正式成立延边州校园足球"满天星"训练营。州"满天星"训练营建设工作由州教育局、州体育局共同负责开展,具体工作由延边足球协会、延边校园足球协会组织实施,训练营和青训中心实行"一套人马,两块牌子"的组织形式,利用周末、节假日将从各县市"满天星"训练营选拔上来的足球精英汇集到龙井海兰江足球小镇,邀请西班牙、韩国等足球发达地区的专业教练员,每年开展 20 多期的封闭式集中培训。校园足球将借助体育部门的专业技术和资金优势,更加扎实地开展足球教学、训练和竞赛活动,进一步提高对优秀后备人才的培训、培养质量;而体育部门借助校园足球扩大选材范围,进一步提高运动员技战术水平,培养更多的足球精英;而受训学生既可以参加教育部门组织的校园足球比赛、训练等活动,也可以参加体育部门的青训比赛等活动,接受教育、体育部门的共同培养,成为最终受益者。

(3)以强化教师队伍建设为保障,健全校园足球培训机制

加强师资队伍建设是校园足球工作取得实效的重要保障。对此,延边州采取师资培训、提高待遇水平等措施,积极建设一支能力突出、业务精湛、专兼职结合的校园足球师资队伍。一是从人才引进入手,强化校园足球队伍建设。加大足球教师的引进力度,将加强体育师资配备作为提升校园足球水平的基础性工作,通过引进补充、转学科培训和支教等形式,吸纳大中专院校足球专业毕业生、体校专业教练员和退役足球运动员到学校执教。目前,全州专业从事校园足球教学的教师有 184 名,其中足球 D 级以上教师 170 名,外聘教师 17 名,基本达到国家级校园足球特色学校至少配备 2 名以上专兼职足球教师的标准。二是从分级培训入手,提升校园足球队伍整体水平。与延边大学建立足球校地合作关系,开展足球专业体育教师足球技能培训;与延边足协合作,组织州"满天星"训练营教

练团队赴各县市开展全覆盖培训指导;举办 D 教练员培训班,免费为校园足球教练员进行培训,2020 年共有 20 名足球教师获得 D 级教练员证;每年选派百名校长、教练员、裁判员参加国家和省各级校园足球培训,每 3 年完成一次集中轮训,进一步提高校园足球教师教学水平。

(4)以加大资金投入为基础,健全校园足球保障机制

校园足球软件、硬件建设,对校园足球发展有着重要的影响。延边州加大经费投入,加强政策引导,营造舆论氛围,努力构建学生参与、家长认可、社会支持的良好格局。一是加大经费投入,优化校园足球硬件环境。州及县市政府每年投入 600 万余元,确保校园足球活动扎实开展。发改、财政、教育、体育等部门优先支持校园足球相关项目,逐年加大校园足球资金投入,加强校内外足球运动场所建设。目前全州人造草坪足球场达到 120 个,占全州中小学校总数的 47.2%。二是完善政策支持,优化校园足球软件环境。将足球科目纳入中考体育考试项目,制定足球特长生扶持政策和中考录取激励政策,全州 9 所高中开设足球自主招生,引导各级各类学校开展校园足球活动。通过州级校园足球比赛,全州共有 250 余名学生获得国家一级、二级足球运动员称号,打通校园足球成才发展通道。全面实施校方责任险,建立学生运动意外伤害事故第三方调解机制,进一步提升校园足球安全保障水平。三是加强宣传引导,优化校园足球社会环境。积极开展校园足球文化宣传活动,大力宣传校园足球活动的重要意义,传播足球发展理念、校园足球文化和各地先进经验,在社会上掀起"爱足球""踢足球""看足球"和广泛支持校园足球活动的舆论氛围,形成了学生积极、家长认可、社会支持的良好格局。延边州校园足球工作经验在《足球杂志》《学校体育》《中国教育报》等国家级刊物上刊载。建立延边州校园足球协会微信公众号,将其打造成延边州校园足球舆论宣传和引导的主阵地。

通过不懈的努力,延边州校园足球工作得到了持续健康发展,显示出了良好的发展态势,取得了一些成绩。2015 年,延吉市公园小学参加全国"冠军杯"北方赛区预选赛小学组比赛,荣获冠军;延吉市第五中学代表吉林省参加全国"谁是球王"五人制足球争霸赛,获得第一名;龙井北安小学代表吉林省参加的斯凯孚"与世界有约"足球邀请赛,获得第五名。2016 年,延边一中在"卓尔杯"全国五人制足球东北区预赛中,获得第一名,连续两届荣获吉林省青少年足球锦标赛冠军。2017 年,延边 U11 代表队获得 2017 年全国青少年足球冠军杯分区赛第二名,取得了参加全国总决赛的资格;珲春市青少年校园足球代表队获得"我爱足球"中国足球争霸赛(北一区 山东赛区)第一名,拿到了全国总决赛参赛资格;延边第一中学获得全国校园足球联赛东北区预赛第四名、全国高中足协杯乙组比赛亚军。

5. 辽宁省大连市

(1)理清发展思路,强化统筹管理

大连市现有 213 所中小学校获评全国青少年校园足球特色学校,109 所幼儿园获评全国

足球特色幼儿园,沙河口区和金普新区分别被认定为全国青少年校园足球试点区和全国青少年校园足球"满天星"训练营。大连市组织评选市级校园足球示范区 5 个,市级青少年校园足球特色学校、普及学校 170 所。大连市政府与万达集团签约共建 10 所小学校园足球基地校。组建起全市校园足球教练员人才库和裁判员人才库,已认定储备 D 级以上资格证教练员达 680 人、持有国家二级以上裁判员证书近 400 人,全市 13 个区市县、先导区"校长杯"学校举办率达 100% ,"区长杯"学校覆盖率达 100% 。每年市财政对校园足球工作的资金支持近 900 万元,主要包括外聘教练员补助、竞赛和青训等方面。据 2019 年的不完全统计,各区级财政对校园足球的资金支持近 1004 万元。遵循教育部提出的"教学是基础、竞赛是关键、体制机制是保障、育人是根本"的发展思路,扎实推进大连市青少年校园足球"八大体系"建设,进一步强化校园足球整体规划和设计,出台《大连市关于推进全国青少年校园足球改革试验区建设实施方案》,强化统筹管理,从三个方面推进校园足球普及与发展,加强青少年足球人才培养和梯队建设,强化足球育人功能。

(2)精心谋划布局,推动校园足球高质量普及

构建起深入推广的普及模式。立足已有基础,构建起"足球特色幼儿园 + 特色学校(普及学校) + 高中足球特色高水平运动队 + '满天星'训练营 + 试点区 + 改革试验"六位一体的立体化推进模式,推进普及与提高同步发展。强化幼儿园足球启蒙教育,全市已布局 141 所幼儿园启动足球特色幼儿园试点工作。试点推行体育家庭作业制度,广泛开展普及性足球教育,在金普新区、沙河口区、高新园区共 3 个地区打造集"教、练、赛"为一体的校园足球满天星训练营,形成示范引领效应,让"教会、勤练和常赛"成为常态,推动校园足球普及工作提质增效。

强化课程建设和教学改革。规定课时标准,小学一、二年级每学期足球体育课不少于 16 课时,三至九年级每学年不少于 16 课时,普通高中三年至少安排 16 课时的选修内容。在足球示范县区和特色(普及)学校推行每周一节足球课。积极开展校园足球教科研活动,提高课程实施管理水平。引导学校开发多层次、多门类足球校本课程。开展了校园足球质量引领工程优质课评比活动(参评课例 242 节,获奖课例 163 节)。推动以足球为特色的"一校一品"与"一校多品"体育教学改革,提升校园足球大课间、课外活动实施水平。义务教育阶段全面普及足球教育,将校园足球教学内容纳入全市中小学体育教学质量监测评价体系,制定质量评价与考核标准,每年对全体学生足球技能掌握和学校体育教学情况实施质量监测与评价考核,学校要将学生参加校园足球的学业成绩纳入综合素质评价体系。自 2015 年由市教育局牵头校园足球工作以来,召开的国家、省级和市级校园足球现场会和推进会累计不少于 14 次。2019 年举办了全市第一届中小学校园足球教师技能暨体育教师综合素质大赛,全市中小学参赛教师达到了 258 人。进一步完善中考改革,将学生足球技能纳入中考体育技能选项考试项目中。

加强校园足球特色学校建设与管理。每年都要对全国青少年校园足球特色学校,市级校园足球特色学校(普及学校)开展校园足球动态评价考核。对评价考核得分不达标

的学校,要求限期整改,对复评结果仍未达标的学校将取消其特色校(普及校)称号。每年寒暑假校园足球特色学校(普及学校)都要按要求开展不少于 15 天的假期足球训练,各地区教育行政部门统一上报训练计划时间表,市教育局会对全市假期训练开展情况进行随机抽查。

(3)严格规范管理,提升校园足球训练竞赛水平

完善和规范常态化的训练体系建设。一是组建专业兼职队伍。依据大连市中小学校园足球教练员管理办法(试行),从现职足球人才中,选聘持有 A,B,C,D 教练人员资格证的教练人员,组建校园足球"教练员库",目前已经储备 679 人,通过双向选择的方式选聘近 200 人充实到校园足球工作一线,开展训练指导工作。二是拓展渠道开展校园足球教师培训。引入校园足球专业培训团队,采用集中培训和"送训到区"的方式对全市中小学足球专业教师进行专业引领和提升。自 2015 年以来,已完成 8 次专业轮训,培训达 2000 余人次。委托人民教育出版社开展 3 期小学、初中校园足球教材培训,培训达 1200 余人次。委托大连市足协聘请中国足协精英讲师实施"送训到区",对外聘教练员和指导教师开展专题培训,累计培训 16 期共 600 人次。参加国家级教师培训共选派出 101 人,校长培训共选派出 40 人,外派留学共 8 人。市区两级教育行政部门要每年组织开展不同形式的校园足球教师教学技能考核和展示评比活动。三是加强校级球队建设,并积极组织开展足球训练活动。小学阶段的学校要从三年级开始建立校级球队,每所学校至少 1 支球队,特色学校的球队不少于 4 支(含男女队),普及学校球队不少于 3 支(含男女队)。初中和普通高中至少建立一支校级球队。校园足球特色学校每周训练时间不少于 4 次,普及学校不少于 3 次,每次训练时间不少于 90 分钟。

建立并完善以"校内竞赛(班级联赛)—校际联赛—选拔性竞赛—全国性交流比赛"为一体的校园足球竞赛体系。一是推动了校园足球班级联赛在学校的全面普及,严格赛风赛纪和比赛仪式教育,加强了"校长杯""区长杯""市长杯"的互相衔接,完善了 5 人制、8 人制、11 人制等赛制,建成纵向贯通、横向衔接、规范有序的高中、初中、小学三级青少年校园足球联赛和锦标赛双轨竞赛机制。2019 年开展班级联赛的学校不少于 541 所学校,全市参加班级联赛的总人数近 24 万余人。参加区长杯的学校数近 565 所学校,参赛人数近 1.3 万余人。市长杯比赛全市共组织 124 支代表队参加足球比赛,共计 2385 人次参加比赛。二是积极组织参加省级及全国青少年校园足球夏令营等赛事活动。2019 年大连市共有 93 名中小学生入选代表辽宁参加全国青少年校园足球夏令营第一分营活动。2020 年入选辽宁省青少年校园足球夏令营最佳阵容 62 人,占比达 47%。入选全国青少年校园足球夏令营分营最佳阵容 36 人,占比达 45.6%。10 人荣获国家一级运动员称号。

强化"满天星"训练营的布局与建设。一是将金普新区和沙河口区的满天星训练营的建设工作作为推进大连市青少年校园足球改革发展的重要抓手,在广泛开展校园足球课余训练的基础上,逐步在足球运动开展情况较好的地方和学校建立校园足球"满天星"训练营,选拔区域内的优秀青少年学生运动员利用课余、周末、节假日、寒暑假等时间进行集中训练和

比赛,形成常态化工作机制。二是推进满天星训练与足协青训中心资源整合。发挥大连国家级青训中心训练营的资源优势,与市足协共商共建合作打造大连校园足球满天星精英训练营,已举办了5次周末、五一和夏季训练营活动,参加人数近500人次。

(4)强化协同机制,推进校园足球教体深度融合

强化区域布局,拓展校园足球人才通道建设。一是组织各区市县、先导区结合区域特点,以初中学校为重点,在辖区中小学校中合理布局足球项目学校,完善义务教育招生入学政策,疏通校园足球特长人才发展通道,实现区域内有足球特长学生的合理流动。二是进一步完善全市普通高中足球特长生招生政策。布局的高中学校招收足球特长生共有12所,其中男足9所,面向全市招生共有6所。扩大高中布局,畅通了足球特长学生的升学渠道,发挥了招生政策的积极导向作用。近年来,全市普通高中为高校输送了大批足球高水平运动员。2019年高校自主招生资格认定名单足球占比44%(62人);2020年高校高水运动队录取资格认定名单足球占比49.7%(83人)。探索推进校园足球后备人才梯队建设。与社会资源合作,创新机制,探索校园足球与职业足球共建共享共赢合作联动的人才培养与发展的新模式。大连市政府与万达集团于2019年签约共建校园足球小学基地校,有力推动了大连市校园足球、精英足球与职业足球之间的统筹发展和人才梯队包括教练员队伍的建设与发展。

6. 安徽省蚌埠市

蚌埠市为深入推进校园足球工作,在全市中小学营造重视校园足球发展的良好氛围,该市于2015年4月启动了青少年校园足球"百千万"工程,努力打造蚌埠市青少年校园足球的2.0版。

(1)实施种子、苗子、林子三大计划

学校实施校园足球"种子计划",主要任务是培养学生足球兴趣,提高学生足球基本技能,弘扬足球文化精神,撒播校园足球发展之种。

县区实施校园足球"苗子计划",主要任务是创建校园足球发展机制,建设校园足球特色学校,搭建区域提高平台,培育校园足球发展之苗。

市级实施校园足球"林子计划",主要任务是建立校园足球发展规划、政策、制度、平台、专业等支持支撑体系,提升校园足球区域发展水平,打造校园足球发展之林。通过3～5年的实施,培育100所左右的足球特色校、1000个足球特色班、1000名左右的足球兴趣生、1～2个足球特色实验县区,在此基础上培养一批足球人才。

(2)完善足球课程、足球活动、足球社团三大载体

组织全国知名足球专家编写出版了蚌埠市校园足球地方教材《我们爱足球》,并从2015年秋季在全市足球特色校启动教学实验。2016年9月修订版教材又全面完成,新教材培训、教学观摩与研讨相继跟进,将足球教学纳入了全市学校体育课程计划,保证市级以上校园足球特色校每周开设一节足球课的基本要求,切实落实"教学是基础,竞赛是关键,体制机制是

保障,育人是根本"的校园足球发展理念,着力提高校园足球教学、训练、竞赛水平。先后六次开展全市校园足球教学观摩研讨会,推进校园足球课程教学规范化和科学化。举办了三期蚌埠市校园足球"百千万"工程足球管理干部和师资培训班,培训足球特色学校校长和体育教师452名。全面开展足球大课间活动、课外活动、足球节、足球嘉年华等活动,蚌埠师范二附小、蚌埠铁路三小、蚌埠十中等学校开发足球游戏、足球操,将足球广泛渗入校园生活。每个足球特色校至少组建一支足球队或一个足球社团,利用课外活动、课余时间和假期,开展足球训练、比赛、观摩和交流活动,进一步提高足球技能和水平,培养足球后备人才。

(3)开展"三级三际三段"联赛

完善校园足球高水平学生运动员课余训练体系,利用训练营组织区域内有潜质的校园足球学生运动员在课余、周末和节假日进行高水平的足球训练和竞赛。搭建了蚌埠市青少年校园足球"三级三际三段"联赛竞赛平台,利用训练营开展区域内的校际比赛,按校级、县区级、市级三个层级统筹设计、分层推进、分片组织、分时举办。2018—2019赛季,校级联赛参赛学校252所学校,8000余场比赛,参赛人数2万余人;县区级联赛全市分怀远、五河、固镇、市区东片、中片、西片六大赛区,其中市区又按照水平分为甲、乙、丙三个层级实行主客场升降级赛制,参赛队伍146支,参赛人数近5000人,比赛797场;市级总决赛分五大组别,参赛队伍61支,参赛人数1672人,比赛168场。

(4)启动苗子生、特色校、示范区三大孵化工程

在苗子生培养方面,深化教体合作,依托有条件的学校、有名望的教练或有影响的校外培训机构建设一批青少年足球俱乐部,全市计划建设十个左右、每个县区至少建设一个青少年足球俱乐部,使之成为青少年足球训练基地、足球苗子培养的摇篮,目前全市已建立了"人人家"青少年足球训练中心、"皖新传媒"青少年足球俱乐部等四个校园训练基地,长期参加训练队员近300名。在足球特色校发展上,按照学段衔接、学区对接、统筹兼顾、合理匹配、做好存量、发展增量的原则,全市遴选了124所有一定足球发展基础的学校作为首批市级足球特色(筹建)校,构建"梯形"布局,并建立激励机制和考核机制,实施动态管理和重点建设。在示范区建设上,实行市县(区)共建,建立奖补政策,支持校园足球示范区建设,发挥示范引领辐射带动作用。

(5)"满天星"训练营建设

2019年,蚌埠市被教育部命名为全国青少年校园足球"满天星"训练营,为探索教体深度合作机制,创新青少年足球人才培养和校园足球师资培养模式,当地采取教体共建、市县(区)联办、学校承办的方式,聘请高水平教练员建设了11个蚌埠市青少年校园足球"满天星"训练营分营区,目前已有营员500多名。通过"满天星"训练营的平台选拔青少年足球精英,建立各年龄段蚌埠市青少年校园足球市队,开展足球训练和文化课教学,培养青少年足球后备人才;通过传帮带,指导区域内校园足球教学和师资队伍建设,培养校园足球教练员;举办蚌埠市青少年校园足球"满天星"训练营夏令营和冬令营活动,辐射和引领全市青少年足球精英训练。邀请意大利及国内足球培训专家成功举办了两期校园足球"满天星"训练营

夏令营和冬令营活动,370名足球先锋及105名足球教练参加培训。

7.安徽芜湖市

2018年全国青少年校园足球领导小组办公室正式批复芜湖市为第三批全国青少年校园足球改革试验区。根据教育部等六部门《关于加快发展青少年校园足球的实施意见》(教体艺(2015)6号)和《全国青少年校园足球改革试验区基本要求(试行)》,芜湖市扎实推进全国青少年校园足球改革试验区工作,以促进区域校园足球工作快速发展和培养大批青少年足球后备人才为目标,构建先进、科学的优秀青少年足球运动员培养机制,建立系统、高效的青少年校园足球教学训练和竞赛体系,建设完善的人才孵化和成长基地,形成了具有鲜明"芜湖特色"的样板,为各级梯队输送了"芜湖出品"的足球人才,为全国校园足球事业的蓬勃发展贡献了"芜湖力量"。

(1)抓牢"三个关键"系统谋划

一是抓组织保障。为整体推进全市校园足球改革,市政府成立了分管市长为组长,教育、发改、财政、文旅、体育、团委等相关部门负责人为成员的校园足球工作领导小组,健全"政府主导、部门协同、学校推进、社会参与"的组织保障机制,统筹推进校园足球改革工作,确保全市改革一体化设计、一体化实施、一体化推进、一体化考评。在做好"规定动作"的同时,结合实际做好"创新动作",将足球学习情况纳入学生综合素质评价,探索形成了"以普及为导向、以教学为关键、以赛事为支撑、以考评为保障"的工作机制。截至目前,全市共有国家级校园足球特色校64所、"满天星训练营"一处、分营七个(1+2+3+1模式)、国家级足球试点幼儿园55所,其中国家级足球幼儿园示范园12所,校园足球呈现出高引领、示范带动、全面发展、共同提高的立体化发展格局。二是定实施方案。建立并完善改革试验区工作管理和运行制度,制定出台芜湖市《青少年校园足球改革试验区实施方案》等政策文件,为试验区工作的全面开展、有序运行构建制度规范。三是融多方资源。建立以财政投入为主、社会参与为辅的经费投入机制。从教育经费预算中每年配套不少于400万元专项经费,用于保障足球训练的正常运转和培训竞赛等工作的顺利开展。同时,推动教体部门携手足球场地资源、教练资源的整合与利用,不断加大足球场地规划建设力度,择优建立训练营地,提高资金使用效率。

(2)打通"三条路径"统筹推进

一是打通"线上—线下"路径。对全市140余支队伍2000余人的校园足球比赛数据进行全面分析,根据反馈结果,为每支队制订个性训练处方,切实提高教学训练的针对性和实效性。二是打通"专职—兼职"路径。建立健全专兼职教师跟踪管理、继续教育机制,通过现职提升、专业培训、社会聘用、高校实习等方式,加强人力资源开发,持续优化师资队伍。目前,全市中小学拥有足球专项教师120人,全市D级及以上足球教练员20人、校园足球指导员95人,"满天星"教练组72人,3名C级教练,完全满足校园足球的工作开展。三是打通

"市内—市外"路径。少年宫特地聘请了具备高水平执教能力和经验的教练员进行指导训练工作,与潘毅(前国家队队员)签订了合作协议。为了更好地让分营汲取先进的训练水平,与中毅体育产业有限公司(公司的教练员团队来自西班牙的委派,欧足联 A 级和 B 级职业青少年足球的青训专家,同时拥有中国足协 C 级职业教练和国字号退役运动员)签订了战略合作框架协议。同时也制订了严格的教练员管理制度,以便更好地提高芜湖市校园足球的发展。同时,少年宫"满天星"分营为了切实提高自身的水平,每年都会组织有规模的教研活动。各个市、县、区分营地的教研、外省特色足球学校的调研,尤其是与比利时标准列日俱乐部合作,欧洲先进的教练员管理团队来到市少年宫分营指导并开展校园足球活动。不断学习先进的训练管理,因地制宜地运用到市少年宫"满天星"分营的教研发展中去。在先进中寻求更好地发展,在发展中寻求突出的特色。

(3)夯实"三类赛事"聚力突破

一是"三级联赛"夯基础。研究制定中小学校园足球年度联赛计划,定期组织学校、县市区、市级"市长杯"三级联赛,以赛促教、以赛促训,各分营通过示范引领,辐射本区域不断营造校园足球活动氛围,让校园足球赛事流行起来,形成"人人都参与、班班有足球、校校有特色"的局面。将学、练、赛融为一体的足球教学特色活动覆盖至全市校园足球特色校中。二是"市级竞赛"铸品牌。每年定期组织分营"满天星"杯赛事及市级校园足球联赛,探索推行普及型与提高型"双轨"竞赛模式,为全市学生构建多层次、全方位的竞赛体系,满足不同年龄、不同水平学生运动员的足球比赛需求,打造优秀足球人才成长平台。自 2015 年以来,市级比赛的参赛学校逐步从 20 所到 56 所,增长近三倍、全市中小学占比达 94.6%;参赛队伍从 20 支到 110 余支,增长超 6 倍;参赛学生人数逐步从 240 人到 1000 余人;比赛场次从 40 余场到 300 余场,增长 7 倍余。三是"专项赛事"促提升。广泛组织、参与年级联赛、趣味赛、挑战赛及邀请赛、友谊赛等专项赛事,鼓励支持各学校参加各级各类足球竞赛,不断提升校园足球竞技水平。

(4)助推"三个贯通"形成良好局面

一是大中小幼育才机制全面贯通。依托校园足球特色校(园)和训练营建设,紧紧围绕建立大中小幼"一贯育人"机制,探索校园足球特色学校幼、小、初、高、大"五位一体"对接招生制度,目前在全省率先成立"足球试验班""足球教师实验班",面向全市招收男、女足,拟建立"十九年一体化培养"模式,着力减轻学业负担,保证足球活动时间,打通"选拔、培育、使用、推荐"路径,构建完善大、中、小学校园足球教学、训练、竞赛体系,发掘、选拔、培养优秀足球后备人才。二是班校区市竞赛体系全面贯通。依托"满天星"训练营建设,充分利用"1 + N"推进模式,构建起多层次、全方位的竞训体系;建立"满天星人才计划",通过多层次、多手段、多模式的选拔方式,让每一个有足球天赋的学生都有成才的机会;建立满天星"足球赛事",让学生在高水平足球比赛中锻炼成长。2019 年有 29 人入选省市、华东分营青少年校园足球最佳阵容,2019 年全国校园足球夏令营安徽分营比赛中,该市组队分别荣获全省中、小学组四次亚军、五次季军;2020 年有近 27 人入选省市、华东分营最佳阵容,在 2020 年全国青少年校园足球夏令营安徽分营的赛场上,该市高中男子乙组荣获全省冠军,其余组别荣获亚军2次,季军3次。自2018年我市被认定命名为"满天星"训练营以来,芜湖市约30余名"满天星"队员进入高校。三是家校社荣誉体系全面贯通。依托校园足球联赛建立激励机制,定期开展校园足球活动,分层次抓重点地对参与校园足球的师生家校社五大主体进行互动,建立由内及外的体系,拓宽校园足球活动参与面、表彰面、宣传面,从而提升全员参与校园足球的积极性。

(5)落实"三个措施"提高普及率

一是继续加强校园足球教学。全面落实国家体育与健康课程标准,学校要把足球列入体育课教学学内容,鼓励和支持各级各类学校创造条件开设足球课,加大学时比重。校园足球特学校落实每周面向全体学生开设1节足球课的基本要求。严格落实《全国青少年校园足球学指南》,积极推进足球教学模式多样化,积极营造广大青少年学生"踢足球""看足球""爱足球"的氛围。进一步积极推进建立足球特色幼儿园,推动幼儿足球的普及发展。结合课程改革推进计划,定期举行校园足球教学和训练课评比展示活动、校园足球专业技能评比展示活动,提高校园足球普及的专业水平。鼓励各中小学学校充分利用课外活动时间,组织开展丰富多彩的校园足球活动。丰富大课间活动内容设计,发展体能的同时熟练课内教学内容,为开展校内比赛打下基础。课外活动时间开展以校园足球为主题的趣味赛、对抗赛、挑战赛、足球嘉年华活动,开展足球名宿、足球明星进校园,校园足球小球王评选等活动。鼓励组建中小学生足球兴趣小组、高校建立足球俱乐部(足球社团),支持举办足球节、足球名人进校园等主题文化活动,营造浓郁的校园足球文化氛围。二是开发校园足球校本课程和校园足球课题研究。鼓励各地根据实际情况因地制宜,开发和编制足球校本教材、校本课程或课题研究,建立健全校园足球教学体系,将足球纳入学校体育教学质量评价的内容。深化体育教学改革,不断提高体育课堂教学质量,同时以课题引领学校校园足球的发展和人才的成长。三是积极推进教体融合。积极探索建立校园足球与足协、体校等社会机构的合作机制。将优秀的校外体育资源引进校园,推进社会资源的共享共通。拓宽渠道让专业教练员、运动员进入校园指导,对学生运动队在课余、周末和节假日进行高水平足球训练,以弥补学校专业方面的不足。

8.甘肃省兰州市

近年来,兰州市校园足球工作在市委、市政府的正确领导下,在省教育厅的具体指导下,在全市中小学的积极支持下,已进入快速发展的轨道。全市校园足球工作坚持以全国校园足球工作会议精神为指导,以"增强学生体质,提高校园足球质量水平"为宗旨,打造学校足球体育文化,彰显学校特色。紧紧抓住普及青少年校园足球这个关键环节不放松,加强宣传力度,增加经费投入,为校园足球工作营造了良好的环境,推动了全市青少年足球工作蓬勃发展。目前,全市有3个全国青少年校园足球试点(县)区(城关区、七里河区、榆中县),144所全国校园足球特色校、110所市级校园足球特色学校、27所全国校园足球特色幼儿园,3所全国足球特色幼儿园示范园,校园足球特色校创建居全省首位。

（1）强化组织领导,规划校园足球科学发展

兰州市始终坚持"一个核心、三个重点"的工作思路;即以立德树人为核心,突出体现学校育人成长的作用;以提升学生身心健康水平为重点、以普及推广足球文化为重点、以足球的教学与训练为重点。2018 年 7 月,《兰州市政府办公厅关于印发兰州市全国青少年校园足球改革试验区实施方案的通知》下发,由教育部门牵头,会同发改、财政、体育、文化、共青团等部门成立了兰州市青少年校园足球工作领导小组,负责全市青少年校园足球统筹管理,全面指导全市校园足球工作,又成立了兰州市国家校园足球改革试验区推进工作领导小组,由分管副市长任组长,市政府副秘书长和市教育局局长任副组长,各相关单位主要领导任组员,确保全国青少年校园足球改革试验区的工作能够顺利推进。2021 年 7 月,兰州市成立了中小学生体育运动协会,下设足球分会,按照市级校园足球协会的标准创建校园足球发展体系及足球人才成长体系。

（2）提升师资水平,保证足球教学训练需求

兰州市采取定向招录、选聘任用、购买服务等多种方式配齐足球专业教师,完善相关配套政策措施,分别在恒大足球学校、国家体育总局秦皇岛训练基地（中国足球学校）举办教练员、裁判员培训班。多支社会足球俱乐部与全市多所学校签订协议,展开结对帮扶,俱乐部教练员到帮扶学校进行免费指导和教学训练,有效解决了学校足球教练数量不足、专业水平不高的问题;2016 年以来全市先后培训足球教师、教练员 214 人,2018 年培训精英教练员100 人,连续四年聘请欧洲优秀教练员来兰州提供高水平教学和训练指导选派 100 余名优秀教师参加国家级培训、省级培训,同时选派部分精英教练赴法国、英国学习足球强国的先进经验,并以此为根基,迅速带出了一批懂业务、能带队的教练员。

（3）强调普及为重,发挥校园足球育人功能

在西北师范大学体育学院编著的《校园足球教学与训练》一书中提出了要鼓励各校自编校园足球教材和读本,丰富中小学体育课程。小学、初中每周至少安排 1~2 节足球课,高中开设基础足球课和进阶选修课。结合学校体育教学改革实验项目,加重足球课程比重构成,形成幼儿园趣味化、小学初中多样化、高中专项化的校园足球教学和课程体系。将足球作为体育中考必考项目之一,引导学校重视足球教学。构建校园足球全媒体矩阵,讲好足球故事,激发学生参与足球活动的兴趣,倡导"团结协作、积极向上、顽强拼搏"的爱国主义、集体主义品质。

（4）完善竞赛体系,提升校园足球发展水平

建立贯通高中、初中、小学的三级校园足球联赛机制和"星级"邀请赛,与国家、省校园足球竞赛机制、人才培养机制实现有效衔接。除学校日常业余训练队外,建立学区、县区、市三个层级训练营。2015 年起连续举办六届全市青少年足球联赛及兰州市校园足球"星级"邀请赛。2018 年 5 月的甘肃省青少年校园足球联赛中,兰州市初中男女队、小学男女队均荣获冠军,小学混合队荣获季军,高中男女队荣获第四名,2019 年选拔出各年龄段最佳阵容,集训

备战全省各项赛事,同年8月第四届全省中学生运动会上,我市代表队获男子足球冠军,女子足球亚军,2020年我市荣获全省中学生足球联赛女子足球冠军。2020年,兰州青少年校园足球联赛参赛学校113所,参赛人数1800余人次。目前正在报名的2021年兰州青少年校园足球联赛预计达到120支队伍以上,参赛人数2200余人。

（5）深化对外交流,助力校园足球共同提高

兰州市秉承"积极走出去、热情请进来"理念,持续开展国内交流合作,加强与兄弟省市校园足球交流。在全国青少年校园足球工作领导小组办公室、中央电视台联合举办的"谁是球王"——全国青少年校园足球大区赛（西安赛区）决赛中,兰州市荣获冠军。在2018"新时代"杯谁是球王争霸赛中,兰州市小将马鸿声、王斌博入选了北方最佳阵容。总决赛后,马鸿声又入选了全国最佳阵容,是唯一一名入选的甘肃省学生,并获得俄罗斯世界杯观赛名额。同时,马鸿声收到了阿根廷河床足球俱乐部的邀请,前往阿根廷进行了更专业的足球训练,这也开拓了地方与欧美足球发达国家的国际交流。2016年,引进英超青训专家为兰州市学校培训足球教练员,2017—2019年,榆中县组织多名"山里娃足球队"队员赴英国,在阿森纳足球俱乐部接受先进的足球培训。

（6）健全体制机制,加大校园足球保障力度

一是完善投入保障。兰州市每年划拨专项资金100万元,用于校园足球比赛、培训工作。2017至2020年,共为200所中小学修建了标准化校园足球场地。截至目前,兰州市中小学校共有5人制场地412块、7人制场地113块、11人制场地31块。通过区域联盟、学校共建,发展"小场地,小足球",建设楼顶足球场、灯光球场等,实现场地使用效率最大化。同时强化安全风险防范,建立涵盖体育运动意外伤害的学生综合保险机制。二是培养后备人才。兰州市政府办公厅于2018年5月印发了《兰州市全国青少年校园足球改革试验区实施方案》,全国青少年校园足球特色学校将学生参与足球运动的情况纳入综合素质评价体系,畅通从小学到高中阶段校园足球后备人才成长通道。2018年实现中小学足球后备人才招生制度,国家级青少年校园足球特色学校每年招生时,小学男女各招收不多于5人、初中男女各招收不多于8人、高中男女各招收不多于11人的足球后备人才。2019年上半年,成立兰州市"满天星"训练营,并将总营设在兰州市第三十三中学,同时下设15个分营,分营下辐射营地校,建立U9（小学混合组）、U11—12（小学男、女组）、U13—15（初中男、女组）、高中（男、女组）4个组别男女运动员层级梯队,2019—2021年先后聘请巴西外教达·席尔瓦和波兰外教卢卡斯为总教练,利用周末、节假日和寒暑假进行集中训练和竞赛。

9. 山东省青岛市

发展青少年校园足球是贯彻党中央、国务院决策部署,全面推进学校体育综合改革的探路工程,是立德树人的育人工程,是提高足球普及程度和竞技水平的基础工程。校园足球是青岛足球的重要组成部分,以普及性为基础的市长杯比赛已举办第30届,自2015年4月成为首批"青少年校园足球改革试验区"以来,青岛市校园足球以创建全国青少年校园足球优

秀改革试验区为契机,落实立德树人根本任务,不断以创新驱动发展,促进校园足球改革提质增效,构建起了价值理念引领、工作机制创新、政策激励保障相结合的校园足球立体化、精细化发展模式。

(1)优化基础保障条件,夯实校园足球改革基础

2016 年 1 月,青岛市政府出台《青岛市全国青少年校园足球改革试验区实施方案》。坚持校园足球普及与提高,建立和完善了青少年校园足球工作组织领导和工作推进机制,规范了青岛市青少年校园足球工作规章制度,将校园足球工作列入政府政绩、教育行政部门和学校负责人业绩考核评价指标,对成绩突出的单位、部门、学校和个人进行表彰。实施特色学校实施建设质量复核制度,加强对特色学校建设与监督力度,基本构建形成"特色学校 + 区市校园足球联赛 + '满天星'分营 + 市级校园足球联赛 + '满天星'总营 + 市级夏令营、精英赛"六位一体校园足球改革发展推进格局。坚持足球从娃娃抓起,通过足球游戏方式将普及范围延伸至学前教育(幼儿园)。设立青岛市青少年校园足球专项资金,逐年加大资金投入,加强经费支持力度,保障教学、竞赛和活动经费,鼓励学校与科研院所、社会组织、企业等合作,吸引社会各方力量参与,形成财政和社会资源多元投入机制。通过电视台、平面媒体、网络媒体、学校、自媒体等途径宣传,逐步形成从校内到校外、从教育到全方位,全社会关注、参与、营造青少年校园足球加快发展的舆论氛围。

(2)创新教育模式,加大普及力度,提升教学质量

青岛市出台了青少年校园足球课程标准,通过高质量的教材、科学的课程设计,规范了课程、教学内容、教学模式和不同年龄段技能考核标准。编写出版地方教材《快乐足球》,在全市中小学推广。在小学和初中开设足球校本课程,高中开设足球专项课程,中小学每学期安排 10 学时的足球课程,其中校园足球特色学校每学期安排 20 学时,并遵照《全国青少年校园足球教学指南》进行足球教学,利用多媒体、互联网等方式,开齐、开足、开好足球课。为使青少年校园足球特色学校成为推动足球发展的摇篮和阵地,青岛青少年校园足球特色学校创建工作按照 1:3 比例,从城乡、区域、学校类型统筹考虑,培植了一批典型示范学校,使其发挥典型引领作用,带动校园足球全面发展,现有市级校园足球特色学校 400 所,占学校总数的 1/3,其中国家级足球特色学校 231 所,中小学经常参加各类足球活动人数近 30 万,占全市学生总数的 30%。

按照教育部《学校体育美育兼职教师管理办法》的基本要求,发挥青岛"足球之城"的底蕴和资源优势,采取引进骨干教师、聘请专业教练员和退役运动员、政府购买服务等多种形式,补充校园足球师资,并以承接亚足联 D 级教练员、国家三级(足球)裁判员培训班等足球培训为契机,加强对体育骨干教师、非足球专项体育教师、足球裁判员、足球教练员等培训,共培训 5000 余人次,极大提高了校园足球师资水平。创建以学校为主体的"体教结合"模式,青岛黄海、中能、鲲鹏、追风少年等足球俱乐部每年派出大批教练员深入足球特色学校开展足球执教。引进来自荷兰、德国、西班牙、阿根廷等足球发达国家的 50 余名足球教师到中小学任教,进一步推进了足球名师、高水平教练队伍建设,有效提高了青岛市校园足球的教

学和训练水平。

搭建教科研服务平台,通过与高校合作,发挥驻青高校科研优势,针对课程标准、特色学校建设、育人模式等问题展开专项研究,先后完成了《青岛市青少年校园足球特色学校建设工作评价指标研制》《青岛市青少年校园足球课程标准编制》《"新人文＋"教育理念下高中体育俱乐部的发展模式及育人能效研究》《青岛市校园足球改革影响青少年体质健康与社会性发展的路径分析与实证研究》等一系列课题的立项与研究,提升了教科研水平,为校园足球教学质量的提升提供了理论依据与实践指导。

(3)完善竞赛体系,创新联赛体制,全面提升竞赛水平

坚持以赛促教、以赛促练、以赛促学、以赛育人,建立覆盖面广、技战术水平高、影响力大的校园足球竞赛体系,全方位构建了"小学、初中、高中、大学"四级校园足球联赛体系,全市设"市长杯",各区(市)组织"区(市)长杯",各学校有"校长杯",涉及5人、8人、11人各类赛制,赛程周期基本覆盖整个学年,实现了校园足球赛事全面化、一体化建设。青岛市"市长杯"校园足球联赛已连续举办至第30届,"市长杯"小学男子甲组乙级比赛前四名队伍将在下一届"市长杯"小学甲组比赛中晋级为小学男子甲组甲级队伍,"市长杯"根据学校足球竞技水平实施甲、乙、丙分级联赛,已实行3年。为了充分发挥校园足球对校园体育文化建设的带动作用,吸引更多学生、家长参与校园足球、关注校园足球,进一步扩大校园足球联赛的社会影响力,自第27届"市长杯"校园足球联赛高中组实行主客场制联赛,将周末比赛日,设置在周中,并鼓励主、客队组织学生观看比赛,通过校园足球文化长廊、足球啦啦队表演等形式,将每一个比赛场地打造成展示学校校园体育文化建设成果和学生积极向上、活力四射精神面貌的大舞台,增进了学生间的沟通交流,活跃了校园体育文化,切实提高足球运动的育人意蕴。第29届"市长杯"自2018年10月起至2019年6月,为期近9个月、近6000人、348支参赛队,共进行了900场比赛,成为参与人数最多、竞赛水平最高、赛事影响力最大的校园体育联赛。每年区(市)级、校级足球联赛超过5500场次,参与学校500余所,参赛人数达1.7万,有效带动了校园足球普及提高。在开展校园足球联赛的同时,青岛市结合城市特点和学校实际,积极组织青少年校园足球精英赛、"谁是球王"比赛、国际邀请赛、改革试验区邀请赛、"满天星"训练营联谊赛、足球特色学校联赛、学校社团足球比赛等多类专项赛事,为省、市、区(市)、学校间的比赛、交流搭建平台。随着近年来大数据技术在足球赛事中的推广与应用,青岛市教育局同华奥国科体育大数据签订战略合作协议,开发出国内领先的校园足球赛事服务管理系统。

(4)健全训练机制,创新人才培养体系,建立精英培养模式

青岛市发挥校园足球在培养足球后备人才中的主渠道作用,构建校园足球和职业足球优势互补、与国际接轨的现代足球人才培养体系,源源不断培养优秀足球后备人才。按照"1＋N"推进模式,推进青少年校园足球"满天星"训练营建设,组建1个国家级总营,4个分营,10个市级训练营和多个学区级训练营。依据《全国青少年校园足球"满天星"训练营基本要求(试行)》基本要求,进行资源整合,加强与足球强国足协、国外顶级足球俱乐部的多

层次多方位合作,构建"中西合璧"足球青训合作模式。引入职业俱乐部、青训机构优质资源,组建各级别"满天星"青少年校园足球训练营,选拔学区级、区(市)级、市级各年龄段最佳阵容,实施每周"两练一赛"。突破政策瓶颈,建立高水平校园足球运动员交流制度,实施职业俱乐部梯队与足球强校运动队共建,推进市队校办,创新足球精英培养模式,实现体教深度融合,共享共赢,着力培养高水平智慧球员。

《青岛市中小学生足球后备人才招收办法》《青岛市中小学生足球后备人才专业选拔测试办法与标准》自2015年出台,完善了小学升初中、初中升高中足球后备人才招生制度,贯通了足球后备人才成长通道,至2020年初中共计划招收足球后备人才5000人,高中共计划招收足球后备人才1800人。组织制定高中阶段足球后备人才专项培养方案,既注重足球技能的培养,又强化优秀的足球后备人才文化课的学习,建立高中阶段足球后备人才文化课学习情况监控体系,实现足球技能与文化课学习双提升。至2020年高中毕业生获得国家二级足球运动员及以上等级达到229人,借助足球运动项目考取大学的人数达到134人,其中29人考取了211、985院校。基本形成了高中带初中,初中带小学的健康发展格局,带动了青岛市青少年校园足球普及提高,走在了全国前列。并与青岛大学、山东师范大学等高校合作,设置足球专项师资班面向青岛市招生。鼓励高中毕业的校园足球学生运动员报考高校高水平足球运动队和运动训练、体育教育等专业,打通优秀运动员升学的"最后一公里"。通过中德生态园德国足球亚洲基地与德国拜仁足球俱乐部、黄海足球俱乐部与西班牙巴塞罗那足球俱乐部的深度合作,成功将拜仁青训体系、巴萨青训体系引入青岛。发挥市对外友好协会作用搭建资源整合服务平台,鼓励青岛本土青训机构、足球俱乐部与欧洲足球强国俱乐部加快合作,构建国际足球后备人才精英培养的本土模式。

(5)培育校园足球文化育人功能、推进校园足球发展

青岛市借承办全国青少年校园足球夏令营活动的东风,举办了两届"青少年校园足球改革试验区高水平发展青岛高峰论坛"。邀请了来自德国、北京体育大学、中国教科院、南京体育学院的专家学者,内蒙古、成都、深圳、广州等地的校园足球工作者,共同把脉校园足球改革发展方向。也向全社会展现了青少年校园足球运动员的竞技风采和综合素质,展示了青少年校园足球良好的基础和丰硕的发展成果,有效地推动了青少年校园足球后备人才培养,打造了青岛市足球名城的地位。近年来投入近400万元用于市长杯、夏令营、精英赛等活动宣传,安排电视台现场录播和网络媒体图文推送。组织纸质媒体进行校园足球特色学校建设成果展示专栏及校园足球区(市)行专题报道和校园足球赛事及重大活动专题报道,扩大校园足球社会影响力。各类学校网站、广播站、宣传橱窗、微信公众号、新媒体等途径宣传校园足球文化,逐步形成从校内到校外、从教育到全社会多维度、全方位展示平台,营造良好的青少年校园足球加快发展舆论氛围。

(6)提升保障水平,助推校园足球提质增效

建立足球教师激励机制,将体育教师组织课外足球活动、足球训练、足球竞赛和辅导足球社团等纳入工作量,在评定职称时按规定计入辅导员工作年限。所训练学生取得的成绩

和向专业运动队输送足球后备人才情况纳入教学成果奖。对辅导运动员在市级及以上比赛中取得优异成绩的足球教师,在职务评聘、评优表彰等方面优先推荐。对辅导运动员在市级、省级和国家级校园足球比赛中获得前三名的体育教师进行补助奖励。探索设立校园足球发展专项基金,吸引社会各方参与,形成财政和社会资金多元投入机制,拓宽足球经费来源。近年来,累计投入近6000万元用于发展校园足球。实施校方责任险、校方无责任险和学生平安保险,市财政每生每年安排10元支出,探索建立学生体育运动保险基金和学生体育安全事故第三方调节处理机制,解决了学生踢球安全之忧。加强队医团队建设,采取政府购买服务与聘任兼职运动医学专家相结合等方式,解决专业队医不足问题。

10. 山东临沂市

(1)构建"两个框架",为校园足球改革推进提供清晰路径

第一,完善规章制度框架。临沂市人民政府办公室印发《关于加快发展临沂市青少年校园足球工作的实施意见(2018—2020年)》,明确校园足球工作招生、教学管理、课余训练、竞赛规章、运动安全防范措施与保障、师资培训等制度,以及国际、校际交流实施办法,为区域内校园足球普及和教育活动开展提供了基本遵循和指引。今年结合新冠肺炎疫情防控,连续出台《关于做好在线教育期间中小学生学生居家体育锻炼和近视防控工作的通知》《关于做好疫情防控常态化条件下学校体育工作的通知》等若干文件,为疫情防控常态化下的校园足球工作开展给予了解决方案。

第二,健全工作机制框架。成立了由市政府分管负责同志任组长,体育局、教育局主要负责同志任副组长的领导小组,领导小组下设办公室,办公室设在市教育局,具体负责组织、实施全市校园足球工作。领导小组各成员单位均明确职责分工,教育部门履行好校园足球主管责任,负责校园足球的统筹规划、宏观指导和综合管理。体育部门发挥人才和资源优势,加强技术指导、行业支持和相关服务。发展改革部门负责统筹编制足球场地设施建设规划,支持校园足球场地建设。财政部门负责制定推动校园足球工作的经费支持政策。文化广电新闻部门加大宣传支持力度,积极营造社会舆论氛围。共青团系统负责组织或参与开展校园足球文化活动。临沂市开展校园足球学校达209所,参与校园足球的学生达50万人以上,校园足球普及程度日趋上升。近年来,临沂校园足球热情不减、热度不降,积累了一些足球普及教育活动的经验做法,涌现出了郯城县、兰山区、郯城第一中学、临沂第二中学等一批校园足球工作基础扎实、成绩突出的县区和学校。

(2)扎牢"三个支点",为校园足球普及落地提供有力支撑

第一,教育教学常态化。一是师资队伍持续壮大。临沂市209所全国青少年校园足球特色校的足球专项教师均达到3人以上,体育教师配备达到或超过国家标准;每年定期开展市区级体育教师培训2～3次,累计培训1000余人次,实现全员全覆盖。同时,积极组织骨干教师500余人次参加国家、省级培训;坚持每年至少3个批次的足球教练员专项培训,实施"以赛促训、以测代培"的方式,确保培训的有效性和实效性。二是教学理念普遍提升。经

过多年的融合探索,足球育人的理念已成为临沂广大教育工作者的普遍共识,将足球教育作为立德树人的载体,在推进全市德育课程一体化的进程中,从促进学生全面发展的角度,深入开展各类活动。临沂市各级校园足球特色校将足球作为落实"体育艺术2+1"的重要抓手,不仅让学生掌握了一项终身受益的体育技能,更拓展了学生的艺术鉴赏和德育认识,围绕足球运动衍生出来的啦啦操比赛、LOGO(标识)设计大赛、美文书画展示、足球讲说员遴选等活动深受学生喜爱;在贯彻落实《全国青少年校园足球教学指南》(以下简称《指南》)方面,临沂市坚持"落实""落细""落小"的实施原则,将《指南》作为校长、教练员、裁判员培训的必修内容,先后邀请全国知名足球评论员张路等进行专题讲座,建立起基层学校足球教学的完整教学理念认知体系和实践体系。同时,将《指南》贯彻落实情况纳入各级校园足球特色校的复核评价范畴,确保《指南》真正得到执行和应用。三是体育课时开足开实。将足球纳入义务教育阶段体育课必修内容,每周每班至少开设一节足球教学课,高中阶段学校开设足球课,并要求作为规范办学的重要内容执行到位。各县区、各学校结合实际,定期定时开展校园足球节、足球大课间、足球兴趣小组等系列教学活动,层次分明,形式新颖,延伸了学生在校有效体育锻炼时间,促进了足球教学目标任务落实。四是升学通道全面贯通。打通足球特长生各学段升学通道是足球教学工作的重要指挥棒。临沂市早在2016年便提出"体育专项一体化"实施办法,以学区为单位,实施构建小学、初中、高中体育专项一体化贯通的升学通道,为足球人才梯队衔接和优化提供政策支持。在建立高中阶段足球特长生升学通道方面,全市多数学校均做了一些好的探索,与高中签订合作备忘录、人才培养协议,郯城一中、临沂二中成为多家高校优秀生源基地。全市通过足球考取大学的人数达到了30%以上,为校园足球的持续健康发展提供了强大动力。

第二,竞赛训练规范化。一是训练开展"个性定制"。在市级统筹指导和统一培训的背景下,临沂市各级校园足球特色校均制定了系统、科学的训练计划,保证每周至少3次课余足球训练。对参加训练、比赛校队队员逐一定制"个性方案",兼顾学习和训练要求。据调研统计,各足球特色学校校队队员的文化学习成绩均达到同年级平均水平以上,实现"文武兼修、文武双全"的训练效果。二是竞赛组织"套餐管理"。出台《临沂市中小学校园足球三级联赛方案》,作为全市校园足球竞赛组织的指导纲领。各级校园足球特色校将班级足球联赛作为校园体育节的规定动作,每年定期组织,部分学校已举办5~7届。临沂市已连续举办"市长杯"足球联赛4届,累计参加学校800余所、学生15000余人次。依托临沂市青少年示范性综合实践基地,定期组织市级冬、夏令营,连续三年承接国家和省级足球冬、夏令营,以赛提质、以营培优,建立起了一套完整的进阶选拔机制,组建地区最佳阵容。2020年,临沂市入选山东省最佳阵容累计达38人,占全省人数的15.2%、入选全国最佳阵容达9人,占全省人数的25%。三是足球社团"标准配置"。2018年,临沂市召开全市学校社团管理工作现场会,进一步梳理明确了足球俱乐部、兴趣小组等社团组织的基本要求和管理边界,纳入学校备案管理事项,予以人、财、物及政策保障。随着学校认识普遍加强和球队梯队建设需要,各级校园足球特色校在建立男、女校队的基础上,均建立了三年级以上的班级代表队和年级代表队，"一校两球队，班班有球队"的氛围蔚然成风。宝剑锋从磨砺出，多年的竞赛训练成长出许多国家、省级种子队员。全市校园足球队员中，2020年获得一级运动员等级证书56人、二级运动员等级证书204人、三级运动员等级证书30人，人数稳居全省前列。

第三，保障条件持续化。一是场地设备提档升级。近年来，临沂市压茬实施义务教育均衡县区创建、薄弱学校全面改造、"双百工程"等一系列民生校建工程，新建、改造体育场地11万平方米，更新设施设备2万余套，各级校园足球特色校的场地设施、器材配备均达到最新国家标准。为满足足球教学和课余足球训练要求，各县区、学校均建立了足球器材补充机制。二是经费投入逐年提高。临沂市持续加大学校体育经费投入，市级层面设立校园足球工作专项经费，每年由财政划拨资金100万元，专项用于市级校园足球工作普及与竞赛组织。全市各级各类学校校园足球工作经费总支出，2018年达7454万元，2019年达8745万，2020年达1.1亿元，呈逐年上升趋势。三是安全教育常做常新。安全教育是校园足球工作顺利开展的前置条件之一。临沂市将安全风险意识教育和法制意识教育融入校园足球的组织、训练、竞赛之中，纳入学校综合督导评价和风险评价范畴。新冠肺炎疫情防控进入常态化后，市教育局主动谋划、积极组织，结合省市有关学校疫情防控的技术指南和活动赛事工作指南，指导各县区、学校在做好疫情防控的前提下，组织开展常态化体育教育和竞赛训练。2020年，市教育局不仅组织完成了高中特色校集训、联赛，还圆满承办了全国足球夏令营第四营区的比赛和"参考消息·萨马兰奇杯"中国高中足球锦标赛暨第18届世界中学生运动会足球项目选拔赛，做到疫情防控和活动开展两手抓、两不误。

（3）用好"两个杠杆"，为校园足球试验创新提供持续动力

第一，用心科研创新。针对校园足球工作开展不均衡、不充分和教学资源散点多、碎片化等问题，临沂市积极组织校园足球课题立项，涌现出一批先进教学成果和典型案例。三年间共有60多个体育类项目、近200名教师荣获市级教学成果奖，2018年郯城一中完成的《建构校园足球高效训练模式策略探究》被评为山东省基础教育教学成果奖，各学校积极组织足球教育资源开发、教案征集和审查行动，以研促教、以教促学，最终做到教学相长、促进学生全面健康成长。

第二，用足宣传报道。扎实构建宣传矩阵，为全面展示和交流县域内校园足球阶段性推进成果，临沂市建立市、县、校、营地四级微信自媒体宣传矩阵，第一时间发布传播校园足球信息。同时，联合地方主流媒体平台开设专栏，为校园足球工作营造声势和影响。同时，积极向上宣传推介该市校园足球改革成绩，2020年国家级杂志《校园足球》连续刊发该市校园足球典型经验做法。临沂市的校园足球工作虽取得了一些阶段性成效，但仍存在诸多不足和短板，下一步，还计划在教学资源上持续扩容，在竞赛训练上深化提质，在赛事组织上拓展增效。

11.山东省滨州市

2020 年,在教育部全国青少年校园足球工作领导小组组织的校园足球年度优秀评选工作中,滨州市以全国第一名、全省唯一的成绩入围"全国优秀校园足球改革试验区"名单,"普及＋提升＋竞技＋精英"校园足球模式逐渐成为典型亮点。目前,全市共创建全国青少年校园足球特色学校 136 所,创建全国足球特色幼儿园 53 所。被教育部认定为全国青少年校园足球"满天星"训练营。在全国调研会上做典型经验介绍。教育部总结、推广 5 年来各地全国校园足球改革试验区取得的 8 项成果,其中滨州 3 项优秀成果。

(1)抓实"课程＋教材＋球队＋师资"育人机制,健全校园足球教学体系

一是深化校园足球教学改革。学前教育注重培养幼儿的足球兴趣,出台《开展娃娃趣味足球工作方案》;义务教育学校每周至少安排 1 节足球课;全国特色学校每周 2 节足球课。全市开课率达 100%,形成了学前、小学、初中、高中一体化的校园足球教学体系和课程体系。二是研发校园足球校本教材。所有学校全部使用教育部统编教材,同时结合本地实际,研发 100 余套校园足球校本教材。三是提升校园足球普及率。全市所有中小学校全部建立了校级足球队,全市 9470 个班有 8000 余个班级建立了班级足球队;国家特色学校增加活动频次,学生参与率超 2/3;全市共有 21.3 万学生长期参与足球活动。四是提高体育教师足球教学水平。多方式配齐足球教师,选派优秀教练员赴法国、英国学习,从韩国、巴西、法国、西班牙、塞尔维亚聘请专家,近三年,全市举办足球教师、教练员、裁判员培训班 30 余期,培训培养 1200 余名教师,以适应普及教学需求。动员全市 67 支社会成人足球俱乐部(2000 余名会员)与 87 所中小学校结对帮扶,形成有效补充。

(2)丰富"趣味＋竞技＋交流"文化内涵,健全校园足球竞赛体系

一是举办多样化、多层次足球竞赛。低年级开展颠球、绕杆等趣味性竞赛,注重培养足球基本功和运动兴趣,三年级以上开展班级年级联赛、校际邀请对抗赛及单项技能比赛。支持和引导学生参加各级各类足球联赛。二是不断完善校园足球竞赛体系。自 2016 年建立校长杯、县长杯、市长杯三级联赛体系以来,联赛体系每届不断完善,2020 年举办市级联赛 224 场、县区级 1393 场、校级联赛 9409 场。建立健全贯通高中、初中、小学三个层级的青少年校园足球联赛机制,有效衔接国家、省校园足球竞赛机制、人才培养机制。三是加强校园足球交流合作。与巴西、西班牙等欧美俱乐部合作,开展教学系列活动,该市 58 所特色学校与中国中学生锦标赛 32 支精英队伍的学校建立了紧密合作关系;与深圳市罗湖区、河北邯郸市签订合作框架协议书。与省内、省外、国外球队实现友谊赛经常化,近三年组织近百次友谊赛。2017 年成功举办中国中学生足球锦标赛、2019 年举办中国中学生男子组总决赛、全国青少年校园足球满天星小学组训练营等大型赛事,连续四年举办"追梦杯"中国滨州国际邀请赛。为了打造滨州各组别的最强阵容,2019 年 1 月份,滨州市教育局从全市球员中选拔出 U8 到 U18 男女共 22 个组别的最佳阵容。每个队伍 24 名队员,共计 528 名队员入选最佳阵容。2019 年寒假期间,训练营开展了 U11 到 U16 共 6 个组别的集中集训,共计培训营员 144

人。自2019年3月9开始,"满天星"训练营利用周末时间(周六、周日)对U9到U17男女共18个组别最佳阵容的集中训练,每周做到"两练一赛",采用外教为主,中教为辅的教学模式。

(3)完善"实训基地+人才输送+球员管理+俱乐部管理"工作机制,健全校园足球训练体系

一是建立实训基地。两年来,组织近2000名优秀运动员参加了县、市、省、国家四层级的"满天星"精英训练营。建立了2处省级足球学校,组建了滨州市校园足球运动研究基地和足球训练基地。二是打通校园足球人才输送渠道。近年,曾为职业队及高校输送精英球员近百人,其中,职业队及梯队输送29人,包括山东鲁能4人、前广州恒大10人、长春亚泰2人、前天津泰达1人,高等院校输送67人。三是建立校园足球运动员注册和转会制度。依托学生学籍管理系统和滨州校园足球网站,进行校园足球运动员注册管理、定级和转会,全市有21.3万学生网上注册,建立了人才梯队。四是积极探索校园足球俱乐部管理机制。成立全省首家民政局注册、具有独立法人的悦动校园足球俱乐部,激发了发展活力。

(4)探索"组织+场地+资金+风险"保障机制,健全校园足球支撑保障体系

一是强化组织保障。市委、市政府高度重视,出台了《滨州市推进全国青少年校园足球改革试验区建设实施方案》并签订备忘录,将校园足球发展纳入全市教育和社会发展规划,纳入对地方政府年度考核的重要内容。二是强化场地建设。三年内先后投资10亿元,建设中小学人工草坪足球场地400余块,笼式足球场地近100块,并配齐设施器材。三是强化资金保障。为国家、省、市级校园足球特色学校提供年度专项资金分别不少于30万元、20万元、10万元,国家级特色学校生均公用经费增加10%,非特色学校增加5%,专项用于校园足球工作。2019年市政府拨付专项资金1000万用于校园足球工作,资金分别用于支持全国足球特色学校经费450万,奖励资金250万,联赛资金200万,教练员培训100万。四是强化风险防控。建立了校园足球工作督导机制,积极探索政府购买学生体育运动伤害险,建立意外伤害事故第三方调解机制,解除后顾之忧。

(5)编制校园足球发展规划,为长远发展保驾护航

滨州市教育局编制《滨州市青少年校园足球发展规划》,为校园足球发展提供坚实保障,将校园足球发展纳入全市教育和社会发展规划。2020—2022年:健全提升,创建品牌:主要着眼于三年行动计划,实现打好基础,形成滨州特色体系。2023—2030年:示范带动,擦亮品牌:主要着眼于今后两个五年规划,实现示范带动,校园足球足球成为文明城市的有力支撑,校园足球成为滨州城市的一张绚丽名片。2031—2050年:创新引领,叫响品牌:主要着眼于长期战略布局。建成基础扎实、氛围浓厚、体系完备、支撑有力的校园足球发展格局。规划的出台为该市校园足球的长远发展提供了制度保障和理论依据。

12. 湖北省荆州市

荆州市有各级各类学校1231所,在校学生803136人,教职员5.8万人,其中:高校8所,在校学生95423人,高校数和在校学生数均居全省第二位,仅次于武汉市;中等职业学校18

所,在校学生 27543 人;中小学 640 所,在校学生 530243 人;幼儿园 565 所(不含 134 所附属园),在校学生 149927 人。近年来,荆州市积极响应足球发展国家战略,坚持立德树人根本任务,积极推进"足球进校园"活动,以创建足球改革试验区和学校为抓手,强化足球体育教育与训练,普及足球运动,努力打造"快乐足球·健康行动"校园足球品牌,不断扩大足球人口规模,促进全市青少年学生全面健康成长。2018 年,该市正式成为继北京、上海等改革试点区之后的全国青少年校园足球改革试验区,全市共有全国足球特色示范校 88 所、足球特色试点幼儿园 32 所,同时拥有 1 个全国青少年足球"满天星"训练营。全市大力推进学校体育"一校一品,一校一特"工程,以足球带动"三大球两小球一游泳"进校园,学校体育工作改革与创新成为教育工作的一大亮点。该市教体融合推动足球进校园的工作实绩,先后被《人民网》《新华网》等媒体宣传报道,校园足球等工作受到《中国体育报》头版头条高度肯定,被誉为足球进校园的"荆州样板"。

（1）强化统筹保障

一是强化政府统筹。成立政府分管领导为组长的青少年校园足球工作领导小组,形成一级抓一级、层层抓落实的推进机制。市长、分管副市长亲临青少年足球锦标赛决赛现场观摩指导,为全市校园足球点赞呐喊。二是加强硬件建设。近年,该市通过"改薄工程",投入 9276.83 万元,新建或改造运动场地 42 余万平方米,实现"校校都有体育场"目标。三是构建制度体系。先后拟定了《青少年校园足球试点区改革发展实施方案》等系列文件,从组织机构、规章制度、活动内容、经费、场地和师资队伍等方面进行全面安排。各中小学都成立了以校长为组长,德育处、教导处、总务处、团委等共同参与的领导小组,保障了校园足球的实施和开展。四是明确分层目标。全市小学、初中、高中各学段校园足球的教学目标,小学阶段开展快乐足球活动,重点激发和培养学生足球兴趣,掌握基本足球技能;初中阶段旨在提高专业技能,培育核心素养;高中阶段重在实践体验,培养终生体育技能水平。

（2）落实常规管理

一是规范课程开设。以课堂教学为抓手,以课程改革为动力,狠抓体育课的开设。各中小学校将足球教学纳入教学计划,每周开设一节足球课,规范校园"一课两会三操",夯实学校体育主阵地。同时,坚持将体育课开设作为每年春、秋两季开学工作检查的重要内容,通过查课表、进课堂、观教学,强化督办检查。二是坚持中考导向。在全省率先将体育中考分值由 30 分提高到 50 分,在全国率先将足球绕杆纳入中考必考内容,规定分值为 10 分,配置先进的足球智能测试仪器,对考试进行全程同步信息记录并现场评分,保证考试公平公正,以此引导各学校加强足球教学。三是强化师资培训。近三年组织 120 名校园足球特色学校的校长和教师多次参加中省骨干教师培训、校园足球教练员培训和国培计划等培训。争取省教育厅和省体育局支持,推进高水平教练员和专业体育教师开展跨国双向交流,引进 7 名西甲联盟优秀洋教练执教该市校园足球,通过定点执教、以点带面的形式,辐射全市中小学校,将国际先进的足球和体育运动理念、技术注入校园;选派 6 名优秀校园足球教练和体育教师到英、法两国学习先进理念,促进全市体育教师教学能力的提升,确保了体育课堂教学的高效率。四是丰富活动载体。开展诗意大课间、足球宝贝、足球嘉年华等活动以球立德，努力营造校园足球特色文化。部分学校开发了足球校本课程，如沙市北京路第三小学的《快乐足球》、沙市第二中学的《捷足先登》。2019年5月17日，时任中国足协规划部部长母连军、湖北省足球运动管理中心副主任夏清、湖北省足球运动管理中心青训部部长王涛到沙市区江华学校视导校园足球工作，对该市校园足球特色文化创建工作给予高度肯定。

（3）组织常态赛事

一是以"四进"促普及。广泛开展校园足球进学校发展规划、进课程、进校园文化、进阳光体育活动的"四进"活动，充分发挥320余名骨干教师、引进的3名外籍教练、4名出国受训足球教练的作用，将足球成为学校体育的主战场，让师生爱上足球、踢上足球。二是以赛事促常态。连年组织市级锦标赛，引领全市校园足球运动蓬勃开展。2019年11月，时任市长崔永辉利用半天时间观看全市青少年校园足球锦标赛冠亚军争夺赛；2020年，全市8个县（市、区）、市直中小学的52支队伍，1035名运动员参赛，参赛运动员、教练员连年创新高。同时，该市分别于2019年和2020年承办2019年湖北省特色项目学校运动会和湖北省第十五届中学生运动会，该市在足球比赛中均取得优异成绩。三是以机制促创新。强化工作统筹与督办，落实以赛代练，校园足球"校级、区级、市级"三级联赛机制已经建立，基本形成"校校都有足球场、班班都有足球队、周周都有足球赛、天天都有足球活动"的校园足球工作格局。四是以培养促提升。按照"一主多极"的总体规划，构建了以荆州市体校为主，省市重点学校、体育传统项目学校、青少年体育俱乐部为多极的体育后备人才培养网络。多维的体系贡献优秀的成绩，2016—2020年，全市115名各年龄段小球员参加了暑期的全国青少年校园足球夏令营分营和总营活动，三名学生入选全国最佳阵容；2020年该市向省足球训练基地男子精英梯队输送五名男足队员，向省体校输送五名女足队员，在全省位居前二。同时，足球竞赛成绩捷报频传，2019年，获得全省校园足球中学生联赛暨湖北省青少年足球锦标赛初中女足、初中男足初中组冠军，高中男女足组均获得第六名；当年同时获得全国第二届青年运动会室内五人制社会俱乐部组女子U12亚军；2020年又获得湖北省青少年足球锦标赛中获得女子甲组冠军。

（4）合理设置计划

一是强化管理，保障正常的教学秩序。严格按照国家规定的课程标准开足开齐体育课，杜绝挤占、减课现象。加大体育课中足球教学比例，保证每周一课时上足球课或开展足球相关的活动。配齐配足体育教师，足球特色校至少配备一名专业的足球教师。二是以赛促练，形成完备的竞赛机制。注重足球的育人功能，坚持市级层面每年组织一次足球锦标赛，适当增加参赛队伍，扩大比赛规模，增强影响力。三是加大宣传，营造良好的足球氛围。加强校园足球文化建设，营造浓厚的校园足球氛围，提高学生的参与热情。加强与新闻媒体的合作，宣传青少年足球活动的重要性，积极争取家长和社会的支持，形成正确的舆论导向和良好的社会氛围，为开展校园足球活动创造有利的社会环境。

13. 湖北省武汉市

2015年7月,教育部、国家发展改革委、财政部新闻出版广电总局、体育总局、共青团中央联合下发《关于加快发展青少年校园足球的实施意见》,把发展青少年校园足球作为落实立德树人根本任务、培育和践行社会主义核心价值观的重要举措,作为推进素质教育、引领学校体育改革创新的重要突破口。武汉市高度重视校园足球工作,将校园足球的发展作为学校体育工作的重点之一,纳入学校体育工作的长远规划之中,从建立各层级联赛机制入手,完善市、区、校三级校园足球竞赛组织工作,布局校园足球试点学校,建立班级、年级、学校等不同层面的足球队,使校园足球活动在全市中小学广泛开展。目前,全市布局市级校园足球试点学校437所,国家级校园足球特色学校177所,校园足球特色学校覆盖了全市所有区域和学段,占全市中小学校总数的近40%。这一布局规模是该市发展足球事业的坚实足球人口基座和最基础的竞训平台,更是促进青少年综合素质和身体健康发展的着力点。特别是2017年9月,该市被全国校园足球领导小组命名为全国校园足球改革试点区以来,加大对校园足球工作的关注和支持,深化校园足球特色学校建设,推动校园足球工作创新开展,促进学生身心健康发展,营造全社会关心、重视和支持足球人才培养的良好氛围,提升改革试验区校园足球工作的整体水平和质量。继中央电视台《足球之夜》栏目对该市青少年足球体系进行了专题报道后,2017年11月,全国主流媒体聚焦武汉,再一次全面深入报道该市校园足球和青训模式。

第四章　校园足球绩效评价模式

本章主要分析校园足球绩效评价的主体是谁、评价客体是什么、采用哪些评价方法,以及确定评价的流程。在校园足球绩效评价模型的构建过程中,需要解决两个问题:

第一,厘清校园足球的组织属性和功能定位,明确绩效评价的主、客体是构建绩效评价模型的逻辑起点。

第二,把握校园足球绩效评价的基本内涵,不同类型组织的绩效评价在目的和内容等方面是不一样的,校园足球绩效评价的本质特征直接影响其绩效评价模型构建的过程和结论。

一、校园足球绩效评价主体

任何评价活动都是由人设计并组织实施的,绩效评价也不例外。绩效评价主体是指对评价客体的绩效做出判断的个人、团体或组织,即"由谁来评价"。确定绩效评价主体是绩效评价其他环节的基础,决定着绩效评价的依据、原则、模式和内容的选择。因此,要保证我国奥运项目协会绩效评价的信效度,必须要对评价主体进行深入研究,从而选择合理适当的评价主体。从公共组织绩效评价主体结构的发展趋势来看,根据其来源和性质差异,我国奥运项目协会绩效评价主体大致可以划分为内部主体和外部主体。

(一)选择评价主体的一般原则

评价主体指的是对评价对象做出评价的人。选择什么样的评价主体在很大程度上与所要评价的内容相关。组织在设计绩效评价体系时,一定要注意评价主体与评价内容的匹配。评价主体选择的一般原则有以下两个:

1. 知情原则

知情原则是指评价主体对所评价的内容和所评价的职位要有所了解。一方面,评价内容必须是评价主体可以掌握的内容。如果要求评价主体对他无法了解的情况做出评价,那么这种评价一定是不准确的。另一方面,评价主体要对被评价职位的工作有一定程度的了解。评价对象的任何工作行为都是为了实现一定的职责任务,并非孤立的行为。缺乏对职位的了解可能导致评价者做出以偏概全的判断。

2. 多元主体原则

单一的评价主体容易产生误差与偏颇。而采用多元化的评价主体既可以使评价结果相互印证,又能够相为补充,提高评价的准确性;另外,扩大评价主体的范围也能够体现出评价的民主性与公平性。评价主体可以包括评价对象的上级、同级、本人、下级,甚至也可以向组织外延伸,将利益相关者(如客户、供应商等)纳入评价主体的范围当中。需要特别指出的是,多元评价主体并不意味着评价主体越多越好,组织应在评价主体了解评价对象和评价内容的前提下,扩大评价主体的范围。

(二)不同评价主体的比较

评价主体分为内部评价主体和外部评价主体。如图4-1所示,内部评价主体包括上级、同级、本人和下级,外部评价主体主要包括客户和供应商等。选择不同的评价主体不仅是绩效评价的需要,而且是实现绩效管理目的的需要。由于绩效的多维性,不同评价主体对同一评价对象的评价结果可能存在差异。各种评价主体并不是相互孤立、相互排斥的,而是能够相互补充和配合的。在预算、时间等条件允许的前提下,适当选择多样化的评价主体,有助于保证评价的客观性和公正性。

任何评价活动都是由人设计并由人组织实施的,绩效评价也不例外。绩效评价主体是指对评价客体的绩效做出判断的个人、团体或组织,即"由谁来评价"。确定绩效评价主体是绩效评价其他环节的基础,决定着绩效评价的依据、原则、模式和内容的选择。因此,要保证我国奥运项目协会绩效评价的信效度,必须要对评价主体进行深入研究,从而选择合理适当的评价主体。从公共组织绩效评价主体结构的发展趋势来看,根据其来源和性质差异,我国奥运项目协会绩效评价主体大致可以划分为内部主体和外部主体。

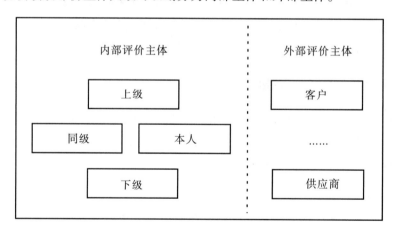

图4-1   评价内部主体与外部主体

1.内部评价主体

内部评价主体包括上级协会、本级协会以及会员。内部评价主体可以依靠其制度安排及了解自身运行机制的优势,客观全面的认识评价存在的问题和难点,制订出相对合理且具有实际操作性的评价标准,以保证评价目标的实现。尽管协会的内部评价具有一定优势,但是受到主客观因素的影响,评价的结果可能缺乏充分的客观性。具体来说,内部评价主体的评价形式主要包括以下三种：

（1）上级协会自上而下的评价

大多数组织选择直接上级作为主要的评价主体之一。这是由于直接上级通常是最熟悉下属工作情况的人，而且比较熟悉评价的内容。同时，对于直接上级而言，绩效评价作为绩效管理的一个重要环节，为他们提供了一种监督和引导下属行为的手段，从而可以帮助他们促进部门或团队工作的顺利开展。如果直接上级没有绩效评价的权力，那么他们对下属的控制力将会减弱。此外，绩效管理具有开发目的，直接上级能够将绩效管理与员工的培训与开发有机结合，从而充分发挥这两个人力资源管理模块对行为的引导作用。

我国奥运项目协会体系是一个纵向贯通的组织链条，上下级协会之间存在着业务指导关系，因而上级协会有义务组织指导和检查下级协会的工作。上级协会对下级协会进行评价，有利于加强上下级协会之间的联系和交流，促使上级协会对下级协会的业务指导落到实处。不仅如此，上级协会作为所属行政辖区运动项目发展规划、方针和政策的研究制定者，能够对行政辖区内各下级协会的业务活动实效做出准确判断。但是，这种评价形式可能会更多关注于上级协会安排的各项工作任务的完成情况，忽视下级协会的组织建设和长远发展，从而造成绩效评价结果的偏差。

（2）本级协会的自我评价

同级评价是由评价对象的同级对其进行评价，这里的同级不仅包括评价对象所在团队或部门的成员，还包括其他部门的成员。这些人员一般与评价对象处于组织命令链的同一层次，并且与评价对象经常有工作联系。

同级可以从与上级不同的角度来看待评价对象的工作绩效。上级与下属接触的时间毕竟有限，下属总是会在上级面前展示他最优秀的方面，而同事却有更多机会看到他真实的表现，尤其是在工作中的合作情况。因此，使用同级评价来补充上级评价，有助于客观评价评价对象的绩效，消除偏见，进而有助于评价对象更好地接受绩效评价的结果。另有研究表明，同级评价的信度与效度都很高；同级评价是评价对象工作绩效的有效预测因子；同级评价还能够有效预测评价对象日后能否在管理方面获得成功。

同级评价也存在一些问题。当绩效评价的结果与薪酬和晋升等激励结合得十分紧密时，同级之间会产生利益冲突，从而影响绩效评价结果，甚至影响工作氛围。而且，同级之间的个人关系也可能影响绩效评价的可信程度。例如，人们经常担心给别人评分过低会影响他们之间的友谊，甚至受到报复；一些人在评价与其私交较差的同事的绩效时，往往会不考虑其实际绩效而给予较低的评价。另外，同级评价中可能会存在合谋的问题，即所有同事都串通起来，相互将对方的工作绩效评价为较高的等级。

从我国奥运项目协会内部治理结构来看，执委会理所应当是协会自我评价的主体，执委会不仅要执行会员大会的决议，而且要确保相关决议的执行效果。协会作为评价主体对自身绩效进行评价具有一定的优势，协会最为清楚自身的业务状况、人员构成以及运作情况，也掌握着更为全面的评价信息，相比于其他主体，自我评价有利于真正把握绩效和简化评价程序。但是,协会自我评价最大的缺陷在于协会既是决策者又是执行者,再让协会评价自身决策的执行效果,其在评价活动中可能会突出自己的成绩,而弱化自身存在的问题甚至将其完全归咎于配套政策不完善等外部因素,所以自我评价的公正性和客观性不可避免地会受到外界质疑。

(3)会员对协会的评价

下级评价给管理者提供了一个了解下属对其管理风格看法的机会,实际上这种自下而上的绩效评价更多的是反映管理人员在管理工作上的表现。真正采用这种评价方式的组织不多,其原因如下:第一,下级评价与传统的自上而下的管理方式相悖,管理者担心自己的权力被削弱;第二,很多管理者担心一些不受欢迎但是必要的管理行为(如批评下属)会招致下属在评价时报复;第三,下属由于对管理工作了解有限,因此很难客观对"事"进行评价,其评价结果的信度通常会较低。

组织在绩效评价系统中引入下级评价,要注意以下三方面问题:

第一,让下属了解、参与管理活动。下级评价不仅是对管理者的评价,更重要的是,让下属评价其主管的过程实际上是让下属对管理提出自己看法的过程。通过下级评价,管理者可以听到下属的声音,并在管理工作中考虑到下属的意见。

第二,匿名评价。下属在对直接上级进行评价时,必然会担心对上级的低绩效进行诚实的评价会受到其谴责和报复。并且,仅仅匿名仍然不够,组织还应让下属感到在"人数上是安全的"。也就是说,人数较少的团体不适合采用下级评价的方法,因为其评价结果难以保证真正的匿名;只有人数超过一定数量时,下属才会认为匿名讲真话是安全的。

第三,酌情使用下级评价结果。由于绝大多数下属从未做过直接上级所做的工作,他们对管理工作了解有限,可能会想当然地对管理者的行为对错进行判断。这种想当然的判断经常有失客观性,因此管理者对下级评价的结果要进行合理的分析和应用。

总之,下级评价在很大程度上是一种管理突破,在一定程度上有利于提高管理质量和培育良好的工作气氛。即使下级没有正式作为评价主体,管理者在日常管理工作中也应该注意听取来自下属的意见。各类组织可以尝试将不定期的下属调查作为一种听取下属意见的方式。

我国奥运项目协会实行的是会员制组织制度,会员理应成为协会绩效的评价主体。一方面,协会行业自律管理权来源于会员让渡,根据权责对等原则,协会必须对会员赋予的权力负相应的责任;另一方面,根据协会章程规定,服务本会会员、维护会员合法权益是协会的重要宗旨之一,会员作为协会的服务对象,对协会绩效有更为直接的感受。会员对协会绩效进行评价是接受会员监督与加强民主办会的需要,也能够更好的保证会员合法权益的实现。但是,由于现阶段我国奥运项目协会会员普遍来源不充分,部分协会只有单位会员,个人会员有限,并且单位会员又是以下级协会为主,下级协会出于现实的考虑,往往会调适自己的利益诉求以迎合上级协会的需要,这就使得以会员作为主体的评价结果难以客观准确反映协会的绩效水平。

2. 外部评价主体

外部评价主体是指独立于奥运项目协会系统以外的评价者,主要包括政府、社会公众和第三方评价机构。相较内部评价主体而言,外部评价主体对协会绩效进行评价属于异体评价,更符合客观、公正和全面的评价本质要求。

在一些组织中,比较了解员工工作情况的外部利益相关者也成了评价主体之一。其中常见的是将客户和供应商纳入评价主体之中。组织这样做一方面是为了了解那些只有特定外部人员才能够感知的绩效情况;另一方面是通过引入特殊的评价主体来引导评价对象的行为。例如,在服务行业中,以客户作为评价主体对客户服务人员进行绩效评价,可以更准确地了解其在实际工作中的表现;同时,组织将客户作为评价主体可以引导员工的行为,促进其更好地为客户提供服务。

（1）政府

一直以来,在我国奥运项目协会制度的变迁过程中,政府是决定其改革方向、形式和战略安排的主导力量,也是监管协会运行的法定主体。从政府对奥运项目协会的监管方式来看,民政部门负责协会的登记注册和年检,体育行政部门负责指导和监管协会的业务开展。尽管目前我国奥运项目协会已与行政机关脱钩或处于"拟脱钩"状态,但是协会"脱钩"并不意味着"脱管",政府依然对协会的监管负有主要责任。因此,在现行条件下,政府是协会最基本的外部评价主体。一方面,政府作为协会的监督管理者,有权对协会内部控制系统的健全性以及受委托责任的履行情况进行审查,相对而言协会也有自觉接受政府有关职能部门评价的义务;另一方面,同行认可和社会信任对于协会评价至关重要,评价主体的权威性在很大程度上影响着评价的公信力,政府作为最具有权威性的公共机构,以其充当评价主体能够保证绩效评价的客观、公正和全面性。

目前,以政府为主体的评价活动主要是由民政部门负责开展的年度检查,其对推动政府监管方式改革,提高协会法人治理能力起到了一定的积极作用。但是从现实实践来看,这种评价方式也存在一些矛盾和问题,主要体现在以下两个方面:一是协会参评的积极性不高,评价工作都是依靠民政部门的行政命令来推行,并未充分重视协会在评价过程中的主体地位,加之评价等级结论不能给协会带来实实在在的好处,协会自然缺乏参与或要求进行评价的积极性;二是评价的针对性不强,奥运项目协会具有专业性和技术性的特点,现行评价方式将其纳入行业协会商会范畴,按照统一的标准、内容和要求进行评价,评价指标繁杂且未考虑其于奥运项目协会的适切性,难以体现奥运项目协会的特色性优势。

（2）社会公众

奥运项目协会不同于一般社会团体,其通过法律授权和政府委托的方式,承担了一部分原由政府行使的体育公共职能,协会的行为具有及于其他社会成员的效力。例如,《中华人民共和国体育法》第三十九条明确规定:"全国性的单项体育协会管理该项运动的普及与提高工作。"从这一角度来看,社会公众作为公权力相对人也可充当协会绩效的评价主体。另外,社会公众还是协会提供公共体育服务的对象,对协会的服务态度、服务水平以及协会所提供的公共体育产品的数量和质量有着真切感受,因此,社会公众也理应成为协会绩效评价的主体,并且社会公众作为评价主体,也体现了协会改革的"社会化"取向。但是由于目前协会信息披露机制尚未建立,社会公众无法有效获取协会资金管理、人事变更以及业务活动等相关信息,加之社会公众存在信息认知和评价能力的限制,致使其难以对我国奥运项目协会整体运行情况进行准确和全面的评价,尤其是在协会运行的规范性和活动的合法性等方面。

(3)第三方评价机构

由于奥运项目协会承担着竞赛管理、专业人才培养和群众运动项目普及等诸多专业技术性职能,且其产出多为无形的体育服务产品。同时,我国奥运项目协会目前尚处于转型期,协会脱钩后其作为自治主体更面临着内部自身建设和外部功能发挥的双重课题。因此,协会绩效评价要求评价主体具备较高的专业水平和理论素养,这就决定有必要引入专业的第三方评价机构。一方面,第三方评价机构是从事某一方面评价学术研究和实践应用的专门组织,其评价技术和方法相较于其他评价主体更为先进,能够保证评价工作的合理性和科学性;另一方面,第三方评价机构与协会之间不存在直接利益关系,立场相对中立,其在评价过程中能够保持客观公正的态度,有助于提高评价结果的可信度。2015年,民政部印发了《关于探索建立社会组织第三方评价机制的指导意见》,明确了要着力培育和发展第三方评价机构,使之成为政府监管社会组织的重要抓手,意味着我国社会组织评价发展方向将是由第三方评价机构具体实施的专业化评价。

综上所述,不同的评价主体具有自身的比较优势,同时又存在着难以克服的评价局限。但是从评价的科学性、客观性和专业性出发,不难看出第三方评价机构是现阶段我国奥运项目协会绩效评价的最优主体。近年来,政府购买第三方评价服务进行单项运动协会评价的实践已开始起步,例如,2017年江苏省民政厅委托江苏省民诚社会组织发展中心、江苏省学会服务中心对全省申评5A级的单项运动协会进行评价,这种探索实践为建立奥运项目协会绩效第三方评价机制积累了一定经验。

3.绩效评价的结果运用

绩效评价结果是通过评价中的价值判断行为或价值判断过程所形成的结论,得出评价结果不代表着评价过程的结束,若要实现评价目的,很关键的一点在于有效运用评价结果。如前所述,我国奥运项目协会绩效评价的目的不仅仅在于证明协会已经取得的业绩和成就,更为重要的是促使协会规范有效运行。因此,我国奥运项目协会绩效评价必须重视评价结果的运用,建立评价结果综合利用机制,扩大评价结果运用范围。具体来说,可以从以下三个方面对评价结果加以运用:

(1)向受评协会反馈,改进协会绩效

我国奥运项目协会绩效评价是一个循环的过程,评价结果的反馈是有效评价不可缺少的重要环节。绩效反馈是对评价对象整个绩效周期内的工作表现及完成情况进行全面的回顾,其不仅有利于绩效评价结果的可接受性,还能够为评价对象解决绩效方面存在的问题提供指导。因此,我国奥运项目协会绩效评价结果形成之后,评价主体要及时将评价结果反馈给受评协会,便于受评协会了解和分析评价结果,使其真正认识自身的工作成效及短板所在,为下一步有针对性的改进工作方式、提升绩效水平提供依据。

（2）向政府部门报送,加大激励扶持

我国奥运项目协会绩效评价结果的应用并不局限于改进协会内部管理,还可以将其作为政府对协会实施激励扶持措施的参考条件。目前,我国体育发展尚处于转型期,行政部门拥有大量资源,如何利用体育部门的资源就成为每个需要发展壮大的单项运动协会必须考虑的问题。因此,在现行体育管理体制下,我国奥运项目协会若要成为体育治理的主体不仅需要协会内部管理工作的有效开展,同时更离不开政府的扶持和保障。在政府扶持过程中,可以制定与绩效评价结果挂钩的激励政策,将绩效评价结果作为奥运项目协会承接政府转移体育职能、享受税收优惠、接受政府购买公共体育服务和相关事项委托的重要依据,为奥运项目协会自主谋求持续健康发展提供正向激励环境。

（3）向社会公众公布,强化社会监督

较为完备的信息公开制度是西方发达国家非营利体育组织绩效评价结果得以有效利用不可或缺的制度基础。同样,对我国奥运项目协会的监管,也不能单一的依靠政府部门通过法律和行政手段进行,还应将社会力量纳入协会治理监督主体。一方面,政府部门事务庞杂、精力有限,需要引入社会力量来弥补政府监管执行力的不足;另一方面,以往我国奥运项目协会与政府的强依附关系,造成了奥运项目协会公信力普遍不足,而加强社会力量监督有助于提高奥运项目协会的公信力。我国奥运项目协会作为具有公益性和广泛代表性的社团法人,应加强信息公开和信用建设,将评价结果、发现问题和整改建议等内容及时通过协会门户网站、报纸、刊物等多种途径向公众和社会公开,接受社会公众的评议、质询和监督。

4. 校园足球政策管理的组织结构

从组织理论的角度研究政策执行问题是学界普遍关注的焦点。近年来,政策学者逐渐认识到,县域之下政策执行效果主要取决于组织体系。县、乡（镇）级政府作为政策执行的最重要基层行政单位,其本质还是一个组织,而政策执行就是一种组织行为。组织体系是否健全、合理,部门权责是否明晰,协作机制是否顺畅,都会影响政策执行效率。2015年教育部联合6部委成立全国青少年校园足球工作领导小组,各地方政府也相应成立领导机构,如图4－2所示。顶层设计的组织结构与权责划分较为合理,各部委在国务院足球改革发展部际联席会议制度下逐渐形成通力合作、运行顺畅的工作机制。但在基层领域,部门间依然缺乏定期会商机制,存在权责划分不明晰、不具体,协同推进动力不足等组织问题。

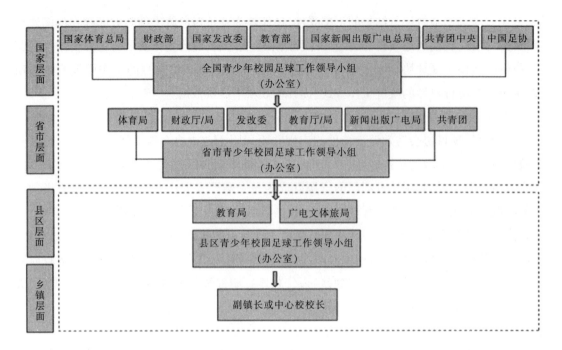

图4-2　各级领导小组机构

二、评价客体

评价客体是指绩效评价的接受者,包括评价对象和范围、内容、指标等。由于校园足球作为一项教育政策,参与主体主要有政府、社会组织、学校等。但其主要工作最后都是落实到特色学校。因此,校园足球绩效评价客体在本研究中主要是校园足球特色学校的评价。

三、评价方法

评价方法的选择是绩效评价的重点和难点,也是绩效管理中一个技术性很强的问题。选择合适的评价方法有助于相关人员得到公正、客观的评价结果。需要特别指出的是,绩效评价方法与绩效管理工具是不同的概念,二者不能混淆。绩效评价方法解决的是某个具体指标怎么评价的问题,而绩效管理工具解决的是利用哪种方法提高绩效水平的问题。

人力资源管理专业人士和专家学者创造了一系列的评价方法,这些方法各具特点。迄今为止,还没有哪一种方法堪称最优或者说能够满足实践中的所有要求。在管理实践中,各种评价方法往往被综合使用,以适应不同组织、不同发展阶段、不同评价目的及不同评价指标的需要。本节主要介绍一些实践中比较常见的评价方法。

评价方法的分类与评价标准的分类密切相关。一般来说,评价标准可以分为两类,相对标准与绝对标准。与此相对应,我们可以将评价方法分为相对评价法和绝对评价法。相对评价法又称比较法,是通过在部门或团队内对员工进行相互比较得出评价结论,而不是根据事先统一制订的评价标准进行评价的评价方法。绝对评价法是根据统一的标准尺度衡量相同职位的员工，也就是将个人的工作情况与客观工作标准相比较的评价方法，通常使用量表法来进行评价。这种利用客观尺度进行绝对评价法是绩效评价发展的大趋势。绝对评价法的标准不以评价对象为转移，是客观存在的、固定的。由于绝对评价法的这个特点，我们可以采用这种方法对组织成员单独进行评价。

此外，还有一种比较特殊的评价方法，即描述法。描述法，又称事实记录法、叙述法、鉴定法等，顾名思义，就是指评价者用描述性的文字对评价对象的能力、态度、业绩、优缺点、发展的可能性、需要加以指导的事项和关键事件等做出评价，并由此得出评价对象的综合评价。通常，描述法作为其他评价方法的辅助方法使用，主要为绩效评价提供事实数据，以避免近因效应、溢出效应等评价误差的发生，并为绩效反馈提供必要的事实依据。表4－1所列为评价方法的具体分类。

表4－1　评价方法分类

评价方法	分类
比较法 （相对评价法）	排序法
	配对比较法
	人物比较法
量表法 （绝对评价法）	图尺度量表法
	等级择一法
	行为锚定量表法
	混合标准量表法
	综合尺度量表法
	行为对照表法
	行为观察量表法
描述法	态度记录法
	工作业绩记录法
	指导记录法
	关键事件法

第五章　基于"全面质量管理"的校园足球
绩效评价指标体系构建

　　校园足球绩效评价指标体系的建立是将学校足球绩效结构维度尽可能具体化,进而形成能被观测或评价的关键性指标的过程。作为整个绩效评价模型的核心内容,最终的评价结果是根据评价指标的测度值来确定的,因此筛选评价指标和建立指标体系是绩效评价活动得以实施的基本前提。

　　一般而言,评价指标体系是由一个多层评价指标构成的递阶层次结构,评价指标是评价对象对应于评价目标的具体考核内容,在建立评价指标体系时既要考虑指标对评价对象属性特征及评价目标内涵的反映,还需考虑各指标之间的逻辑层次关系。因此,校园足球绩效评价指标体系的建立是一个较为复杂的过程,包括指标选取和指标之间结构关系确定两个方面,其具体过程为:分析和鉴别校园足球绩效的内涵及其结构维度;选取初始指标并对其进行结构分类,形成校园足球绩效评价的初始指标体系;修正和检验已建立的初始指标体系,以保证最终确立的指标体系具有较好的科学合理性和系统结构性。

一、评价指标体系的构建原则

(一)目标为导向原则

　　指标体系应能反映评价目的的要求,具有特定的针对性,因此在设计指标体系时必须坚持以目标为导向的设计原则。校园足球的绩效评价工作的实际意义不是单纯的评出学校的好坏,更为重要的是有利于引导特色学校针对校园足球工作能够更规范运行和有序管理,以促其校园足球工作能够可持续发展。这就要求评价指标的选取既要考虑校园足球特色学校自身的现实基础,也应符合我国学校体育与竞技体育改革发展的导向。

(二)科学性原则

　　坚持实事求是、从实际出发的态度,运用科学方法收集数据信息,并经过充分的讨论、分析、论证、做出真实、客观的评价,提出恰当的要求和行之有效的建议是构建校园足球绩效评价指标体系的总要原则之一。校园足球绩效评价不仅对学校的发展具有保障监督作用,而且还具有引领与调控作用。因此,绩效评价工作必须坚持以科学发展观为指导,遵循国家教育方针、教育法律法规以及教育教学规律的要求,坚持公正、公平与公开的原则、以确保学校能够坚持正确的办学方向,确保学生能够获得全面的、健康的发展。

(三)形成性评价与终结性评价相结合原则

在构建校园足球绩效评价指标体系时,要把形成性评价与终结性评价结合起来、不仅重视学校发展的结果,更要注重发展和变化过程,使发展变化情况成为评价的重要内容,找出差距,激发内部活力,达到改进工作、促进发展的目的。

(四)定量评价与定性评价相结合的原则

绩效评价要将定量评价与定性评价有机地结合起来。通过运用查资料、观赛、访谈等信息收集方式,用多种视角开展学校督导评价工作。对学校整体工作既要做定量分析,侧重量的说明,更要有定性分析,侧重质的描述,以确保全面、充分、客观地对学校工作做出评价。

(五)利益相关者共同参与的原则

校园足球绩效评价应成为不同利益相关者协商、沟通和互动的过程。充分调动学生、教师、家长、社区等多方利益相关者的共同参与,广泛听取他们的意见与建议,使绩效评价更客观,更能反映实际情况。

二、评价指标体系的初构

(一)一级指标的初选

校园足球活动是一项多因素的复杂系统活动,如何开展好校园足球活动是当前各特色校、教育部门乃至国家的战略目标。根据教育部出台的相关规定和《校园足球特色学校遴选与复核标准》,以全面质量管理为起点,力求指标体系能够全面的反映出校园足球的绩效评价。校园足球的教育教学、训练与比赛活动是反映学校校园足球工作的开展情况;学校的师资队伍建设则是满足工作开展的必要条件;学生发展情况则是反应校园足球工作开展的质量,也是必不可少的环节之一;领导与管理则是前四者发展的核心要素。综上,在相关规定的参考下和基于这样的思考,得出五个一级指标:"学生发展""教育教学""师资队伍""领导与管理"和"训练与比赛"。

关于一级指标的说明:

"学生发展"是反应校园足球活动开展质量的重要指标之一,主要着眼于评价学生在校园足球活动开展下,学生在各方面的发展情况。

"教育教学"是校园足球活动开展中必不可少的环节之一,主要反映学校在足球教育教学方面的开展情况。

"师资队伍"是满足学校开展校园足球活动最基本的要素,没有充足且合格的足球师资队伍是无法更好地开展校园足球活动的。

"领导与管理"是反映整个学校针对校园足球的规划、管理和发展,是校园足球活动开展的核心要素。

"训练与比赛"与"教育教学"类似,是校园足球活动开展中必不可少的环节之一,也是个国家文件中最为强调的缓解之一,主要反映学校在校园足球训练和比赛组织及参与上的开展情况。

(二)二、三级指标的初选

校园足球活动的发展离不开国家的相关政策支持,本研究在构建校园足球绩效评价指标体系的过程中,是在以全面质量管理为根本的基础上,依据《中国足球中长期发展规划(2016—2050 年)》《国家学校体育卫生条件试行基本标准》《校园足球特色学校遴选与复核标准》以及《国务院办公厅转发教育部等部门关于进一步加强学校体育工作若干意见的通知》(国办发〔2012〕53 号)、《学生足球运动技能等级评定标准(试行)》(以下简称标准)构建而成的。"学生发展"的二级指标包括学生满意率、学生心理与人格、学生足球技能、学生体质健康测试和学生生活片实践能力;"教育教学"的二级指标包括足球教学工作、足球课程开设、校园足球文化建设和足球课外训练与活动;"师资队伍"的二级指标包括师资情况、教师培养、教师素养、和教师考核与激励;"领导与管理"的二级指标包括目标与规划、特色学校管理、管理队伍建设、资源的开发与利用和社会交流;"训练与比赛"的二级指标包括校内足球普及推广、校队情况、校队成绩和奖励与保障。

关于二级、三级指标的具体说明:三级指标是二级指标属性下的分指标,是根据国家、教育部国家体育总局等部门颁发的青少年校园足球政策文件中各项要求和措施总结而形成的。

一是学生满意率,及学生对学校足球场地、器材、教学和活动开展的满意率。二是学生心理与人格,要求在开展校园足球工作的同时注重学生心理与人格的培养,即学生自尊水平、心理健康情况、日常行为习惯和意志品格四方面。三是学生足球运动技能测试,依据评价方法的可操作性及简便性、客观性,从球感、运球、踢球三个方面进行测试,并根据测试对象的年龄与技能水平进行相对应的等级达标测试。四是学生体质健康测试,依据国家学生体质健康标准单项指标与权重的分配,选取共性指标、权重大且符合测试对象的 50 米跑、坐位体前屈、一分钟跳绳、一分钟仰卧起坐四个测试项目。五是学生生活实践能力,包含生活习惯、生活技能、社会实践和人际交往。六是足球教学工作,深化体育教学改革,对学校足球的教学常规、课堂教学和教学计划等作出明确的规定。七是足球课程开设、即体育课程设置、足球课程设置和校本课程开发。八是校园足球文化建设,经常开展以足球为主题的校园文化活动,在校园和班级通过各种宣传方式对足球进行宣传,倡导和谐校园。九是足球课外训练与活动,设立足球社团,组织足球活动和课余足球训练的次数以及足球课外活动参与的人数比。十是师资情况,按国家学校体育配备标准,校园足球特色学校必须有一名专项的足球教师,按各项活动需配齐或外聘足球教师,其中至少一名具备三级以上(含三级)足球裁判员资质的教师,此外配齐学校体育教师的数量。十一是教师培养,即学校每年举办足球教师培训次数、每年足球教师参与培训次数和足球教师教练员等级情况。十二是教师素养,主要包括学校体育教师特别是足球教师在师生关系的处理和教师风气、表现和成就四个方面上的素养。十三是教师考核与激励,对教师的考核能保证校园足球活动开展质量,另外对教师的激励和待遇保障是保证教师工作热情的根本保障。十四是目标与规划,即学校发展理念、预期目标和阶段规划目标。十五是特色学校管理,即校内足球管理机构、管理制度、安全管理、后勤服务和干群关系。十六是管理队伍建设,管理队伍的建设能更好地服务学校。十七是资源的开发与利用,包括体育经费投入、争取多方支持,体育场地、器械使用率和足球场地设施建设。十八是社会交流,即学校与学生家长、学校和社会间的交流以合作。十九是校内足球普及推广,即成立各级足球队、开展校内足球联赛、比赛上场人数比和足球活动参与人数比。二十是校队情况,包括校队的训练和比赛两个方面。二十一是校队成绩,主要包括年度获奖情况和人才培养与输送。二十二是奖励与保障,即奖励措施和安全保障。

在对校园足球绩效评价指标进行初选后,初选出 5 个一级指标、22 个二级指标、74 个三级指标,形成初选阶段的校园足球绩效评价指标体系,见表 5 − 1 所列。

表 5 − 1 校园足球绩效评价指标体系初选表

一级指标	二级指标	三级指标
学生发展	学生满意率	学生对学校足球场地的满意率
		学生对学校足球器材的满意率
		学生对足球教学的满意率
		学生对校园足球活动开展的满意率
	学生心理与人格	学生自尊水平合格率
		学生心理健康率
		学生日常行为习惯
		学生意志品质合格率
	学生足球技能	颠球
		往返运球
		踢准
	学生体质健康测试	50 米跑
		坐位体前屈
		一分钟跳绳
		一分钟仰卧起坐
	学生生活实践能力	生活习惯
		生活技能
		社会实践
		人际交往

一级指标	二级指标	三级指标
教育教学	教学工作	教学常规
		课堂教学
		教学计划
	足球课程开设	体育课程设置
		足球课程设置
		校本课程开发
	校园足球文化建设	和谐校园
		校园足球宣传
		班级足球宣传
		组织足球文化活动
	足球课外训练与活动	社团组织足球活动次数
		每周课余训练次数
		足球课外活动参与人数比
教师队伍	师资情况	体育教师数量
		足球专项教师数量
		外聘足球教练数量
	教师培养	学校每年举办足球教师培训次数
		每年足球教师参与培训次数
		足球教师教练员等级情况
	教师素养	师生关系
		教师风气
		教师表现
		教师成就
	教师考核与激励	体育教师考核
		教师激励
		教师待遇保障
领导与管理	目标与规划	足球特色学校发展理念
		特色学校预期目标
		足球阶段规划目标
	特色学校管理	校内足球管理机构
		管理制度
		安全管理
		后勤服务
		干群关系
	管理队伍建设	管理机构
		管理队伍

续表

一级指标	二级指标	三级指标
	资源的开发与利用	体育经费投入
		争取多方支持
		体育场地、器械使用率
		足球场地设施建设
	社会交流	家校沟通
		与社会(社区)的联系
		校际合作
训练与比赛	校内足球普及推广	成立各级足球队
		校内足球联赛
		比赛参与人数比
		足球活动参与人数比
	校队情况	组织训练
		训练计划
		校际比赛交流
		赛事参与情况
	校队成绩	年度获奖情况
		人才培养与输送
	奖励与保障	奖励措施
		安全保障

三、评价指标体系指标的筛选方法

(一)经验选择法

经验选择法是对已有指标进行有目的分析与综合,选出适合研究所需的指标的方法,它通常建立在分析法与综合法的基础上,并实现对两者的综合运用。在构建校园足球绩效评价指标体系的过程中,第一步要明确什么是校园足球绩效评价,评价的目的是什么;第二步要明确从哪几个方面进行评价,然后对总目标进行逐级分解,直到每一个子目标可以用若干个明确的指标来反映;第三步是设计每一层次的子指标,并对指标体系进行完善。

(二)德尔菲法

德尔菲法又叫专家调查法,是按照一定操作程序来征询专家的意见,以解决各类决策问题的研究方法。它是由调查者拟定调查表,按照既定程序,以函件的方式分别向专家组成员进行征询,而专家又以匿名的形式反馈意见,经过几次反复征询与反馈,使专家组成员的意见逐渐趋于集中,最后获得具有很高准确率的集体判断的结果。某个专家的反馈意见或许存在主观性,但这至少是该专家在此领域经过长期思考、对知识和经验进行提炼总结的结果,多位专家的一致意见则具有非常强的说服力,在某种程度上可以化主观为客观,我们可以据此删除认可度较低的指标、保留认可度较高的指标,从而达到优化指标体系的目的。德尔菲法集定性与定量相结合,因其匿名性、信息反馈、统计推断三大特点在众多领域得到广泛应用。

在调查中首先进行基本情况调查;然后是第一轮专家咨询,说明研究背景、目的、内容以及填表要求等,对各位专家针对初步选取的指标体系的意见进行汇总与整理,并修改形成第二轮专家咨询表。第二轮专家咨询时,需向各专家反馈第一轮的相关结果,并请各专家确认各项指标的选取,形成最终的校园足球特色学校足球活动质量评价指标体系。最后采用SPSS26.0软件:计算各指标的重要性程度、算术平均数、标准差等并综合分析各指标;计算积极系数和权威系数以表示专家的积极性和权威性。

1. 各专家的基本情况

表5-2   专家基本情况表

基本情况		人数
性别	男	11
	女	4
职称	高级或相当于高级职称	10
	中级或相当于中级职称	4
	初级	1
学历	本科	9
	硕士	5
	博士	1
专业领域	足球教练	2
	足球教师	2
	足球科研	6
	足球管理	5

2. 专家的积极性

专家的积极性主要是通过专家咨询表的回收率来表示的,其与回收率成正比,主要计算公式为 C_j (积极系数) $= \dfrac{M_j (参评专家)}{M (全部咨询专家)}$,其回收率大于70%,说明专家积极性较高。本研究发放了第一轮专家咨询表15份,回收15份,有效回收率为100%,其中有十位专家提出了相关建议与意见,占总发放数量的 66.7%;第二轮专家咨询表发放了 15 份,回收 15 份,有效回收率为 100.0%,其中有 7 位专家提出了相关建议与意见,占总发放数量的 40%。具体见表 5 - 3 所列。

表 5 - 3　专家积极系数

轮次	发放数量	回收数量	回收率
第一轮	15	15	100%
第二轮	15	15	100%

3. 专家的权威程度

专家的权威程度计算公式为:C_r(权威系数)$=\dfrac{C_a(判断系数)+C_s(熟悉系数)}{2}$,一般 $C_r \geq 0.7$ 即表示专家的判断具有权威。判断依据又从四个方面(实践经验、理论分析、同行了解和直觉)进行三个等级(大、中、小)进行评分,主要依据指标判断依据量化表如表 5 - 4。另外在专家熟悉程度方面分为五个等级很熟悉、熟悉、一般、不太熟悉、不熟悉,且依次赋值为:1、0.8、0.5、0.2、0,两轮回收的专家咨询表中各一级指标专家的熟悉程度如表 5 - 5。由此可算出专家的权威程度,C 均 >0.7。

表 5 - 4　指标判断依据量化表

判断依据	对专家判断的影响程度		
	大	中	小
实践经验	0.5	0.4	0.3
理论分析	0.3	0.2	0.1
国内外同行了解	0.1	0.1	0.1
直觉	0.1	0.1	0.1

表 5 - 5　专家的权威程度

轮次	判断系数	熟悉系数	权威系数
第一轮	0.90	0.85	0.875
第二轮	0.93	0.90	0.915

4. 专家意见的协调程度

专家意见的协调程度是采用肯德尔和谐系数(W)和变异系数来测评的,肯德尔和谐系数(W)是反映全部专家对部分或全部的指标进行评分的一致程度,其检验水平取 $\alpha = 0.05$,

变异系数越小,说明专家的意见更趋于一致。

由第一轮专家咨询表的结果如表5-7、5-8、5-9显示,101项指标中的变异系数小于 0.2的有78项,占总数的77.2%,专家咨询的肯德尔和谐系数为0.299,显著性检验P值= 0.00<0.01,说明所有专家对基于"全面质量管理"的校园足球绩效评价指标体系的全部指 标进行重要性评分的一致性较高,其结果是可取的;由第二轮结果如表5-7、5-8、5-9显 示,87项指标中的变异系数小于0.2的有84项,占总数的96.6%,专家咨询的肯德尔和谐 系数为0.365,显著性检验P值=0.00<0.01,说明第二轮所有专家对基于"全面质量管理" 的校园足球绩效评价指标体系的全部指标进行重要性评分的一致性比第一轮的要高,其结 果是可取的。其肯德尔和谐系数及显著性检验见表5-6所列。

表5-6 两轮专家咨询的肯德尔和谐系数及其显著性检验

轮次	肯德尔和谐系数(W)	卡方值(X^2)	自由度(df)	P值
第一轮	0.299	448.671	100	0.000<0.010
第二轮	0.365	471.271	86	0.000<0.010

四、评价指标体系指标的确立

(一)一级指标的两轮专家咨询问卷评价及筛选情况

经过对专家咨询表回收处理分析,在第一轮中的"学生发展""教育教学""教师队伍" "领导与管理"和"训练与比赛"分别为4.73,4.53,4.60,4.80,4.73,说明各专家对一级指标 的认可度高。通过第二轮的专家咨询调查表的回收及整理,均值分别为4.87,4.73,4.87, 4.87,4.87,一致认为一级指标的重要性高。有专家指出,"竞赛"一词较"比赛"更为贴切, 相关政策文件中也均使用"竞赛"一词。另外为更贴近评价指标体系的需要,有专家建议将 领导与管理修改为组织领导。因此一级指标除"训练与比赛"修改为"训练与竞赛",以及 "领导与管理"修改为"组织领导"外,其余保持指标不变。具体数值见表5-7所列。

表5-7 一级指标统计情况总览(第一轮和第二轮)

一级指标	第一轮			一级指标	第二轮		
	均值	标准差	变异系数		均值	标准差	变异系数
学生发展	4.73	0.44	0.09	学生发展	4.87	0.34	0.07
教育教学	4.53	0.62	0.14	教育教学	4.73	0.57	0.12
教师队伍	4.60	0.61	0.13	教师队伍	4.87	0.50	0.10
领导与管理	4.80	0.40	0.08	组织管理	4.87	0.34	0.07
训练与比赛	4.73	0.57	0.12	训练与竞赛	4.87	0.34	0.07

（二）二级指标的两轮专家咨询问卷评价及筛选情况

表 5 - 8 二级指标统计情况总览（第一轮和第二轮）

二级指标	第一轮			二级指标	第二轮		
	均值	标准差	变异系数		均值	标准差	变异系数
学生满意率	4.13	0.72	0.17	学生满意率	4.40	0.49	0.11
学生心理与人格	4.47	0.50	0.11	学生心理与人格	4.87	0.34	0.07
学生足球技能	4.33	0.70	0.16	学生足球技能	4.67	0.47	0.10
学生体质健康测试	4.07	0.68	0.17	学生体质健康测试	4.53	0.50	0.11
学生生活实践能力	3.20	0.75	0.23	足球教学课程开设	4.60	0.49	0.11
教学工作	3.80	0.54	0.14	校园足球文化建设	4.40	0.49	0.11
足球课程开设	4.27	0.77	0.18	足球课外训练与活动	4.67	0.47	0.10
校园足球文化建设	4.07	0.93	0.23	师资情况	5.00	0	0
足球课外训练与活动	4.33	0.47	0.11	教师培养	4.87	0.34	0.07
师资情况	4.60	0.61	0.13	教师考核与激励	4.80	0.40	0.08
教师培养	4.53	0.50	0.11	目标与规划	4.73	0.44	0.09
教师素养	3.73	0.85	0.28	特色学校管理	4.67	0.47	0.10
教师考核与激励	4.20	0.75	0.18	自我评价与改进	4.67	0.47	0.10
目标与规划	4.40	0.49	0.11	资源配置	4.53	0.50	0.11
特色学校管理	4.33	0.60	0.14	社会交流	4.60	0.49	0.11
管理队伍建设	3.80	0.83	0.22	校队建设与训练	4.40	0.49	0.11
资源的开发与利用	4.47	0.50	0.11	赛事组织	4.60	0.49	0.11
社会交流	4.27	0.57	0.13	赛事交流	4.67	0.47	0.10
校内足球普及推广	3.73	0.85	0.23	训练成效	4.40	0.49	0.11
校队情况	3.47	1.09	0.31	奖励与保障	4.47	0.50	0.11
校队成绩	4.13	0.72	0.17				
奖励与保障	4.40	0.72	0.16				

由表 5 - 8 可知,在第一轮中有专家认为"学生生活实践能力""教师素养"与指标体系的主旨贴合率较低,建议将二者从二级指标删除;二级指标"特色学校管理"的存在让"管理队伍建设"显得相对多余,建议将二者合并,删除"管理队伍建设";还有专家认为"资源开发与利用"需要作出相应的调整,并建议增加"自我评价与改进";另外,意见最多的属于一级指标"训练与比赛",原有指标"校内足球普及推广""校队情况"和"校队成绩"意义含糊,覆盖面较窄,不能很好地评价学校的足球训练与比赛,建议从队伍的建设、训练、参赛和成果,以及学校内部的赛事组织上开展评价。

在第二轮中,各专家对二级指标的认可度也较高,均值均大于 4.30,但有专家指出"校队建设与训练"范围较广,建议将其拆分为"校队建设"与"训练开展"。

据此,结合各专家意见和两轮问卷中各二级指标的均值,对本研究的二级指标作出了如下的修改:

第一,删除二级指标"学生生活实践能力""教学工作""教师素养""管理队伍建设",其三级指标也作出相应的删除与修改。

第二,修改二级指标"足球课程开设"为"足球教学课程开设";"资源的开发与利用"为"资源配置";"校队成绩"为"训练成效"。

第三,删除二级指标"校内足球普及推广"和"校队情况",调整为"校队建设""训练开展""赛事组织"和"赛事交流",同时三级指标也作出相应的调整。

第四,新增二级指标"自我评价与改进"。

(三)三级指标的两轮专家咨询问卷评价及筛选情况

表 5-9　三级指标统计情况总览(第一轮和第二轮)

三级指标	第一轮			三级指标	第二轮		
	均值	标准差	变异系数		均值	标准差	变异系数
学生对学校足球场地的满意率	4.00	0.82	0.21	学生对学校足球场地的满意率	4.20	0.63	0.15
学生对学校足球器材的满意率	4.00	0.82	0.21	学生对学校足球器材的满意率	4.20	0.63	0.15
学生对足球教学的满意率	4.20	0.65	0.16	学生对足球教学的满意率	4.40	0.49	0.11
学生对校园足球活动开展的满意率	4.13	0.50	0.12	学生对校园足球活动开展的满意率	4.33	0.47	0.11
学生自尊水平合格率	4.40	0.61	0.14	学生自尊水平合格率	4.47	0.50	0.11
学生心理健康率	4.60	0.49	0.11	学生心理健康率	4.67	0.47	0.10
学生日常行为习惯	3.47	0.62	0.18	学生意志品质合格率	3.73	0.57	0.15
学生意志品质合格率	3.93	0.68	0.17	颠球	4.20	0.40	0.10
颠球	4.07	0.57	0.14	往返运球	4.27	0.44	0.10
往返运球	4.20	0.83	0.20	踢准	4.53	0.50	0.11
踢准	3.93	0.93	0.24	50 米跑	4.20	0.40	0.10
50 米跑	4.20	0.65	0.16	坐位体前屈	4.44	0.49	0.11
坐位体前屈	4.00	0.97	0.24	一分钟跳绳	4.33	0.47	0.11
一分钟跳绳	3.93	0.93	0.24	一分钟仰卧起坐	4.44	0.49	0.11
一分钟仰卧起坐	3.87	1.09	0.28	体育课程设置	4.13	0.34	0.08
生活习惯	3.60	0.71	0.20	足球课程设置	4.33	0.47	0.11
生活技能	3.67	0.60	0.16	校本课程开发	4.33	0.60	0.14

三级指标	第一轮			三级指标	第二轮		
	均值	标准差	变异系数		均值	标准差	变异系数
社会实践	3.73	0.44	0.12	校园足球宣传	3.93	0.68	0.17
人际交往	3.33	0.47	0.14	班级足球宣传	3.93	0.68	0.17
教学常规	3.87	0.34	0.09	组织足球文化活动	4.20	0.40	0.10
课堂教学	3.93	0.44	0.11	社团组织足球活动次数	4.40	0.49	0.11
教学计划	4.07	0.57	0.14	每周课余训练次数	4.47	0.50	0.11
体育课程设置	4.07	0.77	0.19	足球课外活动参与人数比	4.33	0.47	0.11
足球课程设置	4.20	0.40	0.10	体育教师数量	4.13	0.34	0.08
校本课程开发	4.00	0.73	0.18	足球专项教师数量	4.73	0.44	0.09
和谐校园	3.27	0.77	0.24	外聘足球教练数量	4.07	0.25	0.06
校园足球宣传	4.13	0.50	0.12	学校每年举办足球教师培训次数	3.80	0.65	0.17
班级足球宣传	3.87	0.50	0.13	每年足球教师参与培训次数	4.13	0.50	0.12
组织足球文化活动	4.07	0.57	0.14				
社团组织足球活动次数	4.00	0.63	0.16	足球教师教练员等级情况	4.20	0.54	0.13
每周课余训练次数	4.13	0.72	0.17	体育教师考核	4.80	0.40	0.08
足球课外活动参与人数比	4.13	0.72	0.17	教师激励	4.27	0.44	0.10
体育教师数量	3.93	0.68	0.17	教师待遇保障	4.80	0.40	0.08
足球专项教师数量	4.33	0.47	0.11	足球特色学校发展理念	4.80	0.40	0.08
外聘足球教练数量	4.00	0.37	0.10	特色学校预期目标	4.80	0.40	0.08
学校每年举办足球教师培训次数	3.87	0.50	0.13	足球阶段规划目标	4.80	0.40	0.08
每年足球教师参与培训次数	3.93	0.68	0.17	校内足球管理机构	4.13	0.62	0.15
				管理制度	4.60	0.49	0.11
足球教师教练员等级情况	3.80	0.65	0.17	安全管理	4.47	0.50	0.11
师生关系	3.67	0.47	0.13	后勤服务	4.20	0.65	0.16
教师风气	3.47	0.72	0.21	干群关系	3.73	0.77	0.21
教师表现	3.60	0.49	0.14	自我评价	4.20	0.54	0.13
教师成就	3.60	0.49	0.14	自我改进	4.20	0.54	0.19
体育教师考核	4.20	0.65	0.16	体育经费投入	4.53	0.50	0.11
教师激励	4.13	0.88	0.21	争取多方支持	3.67	0.87	0.24
教师待遇保障	4.40	0.49	0.11	体育场地、器械使用率	4.53	0.50	0.11
足球特色学校发展理念	4.60	0.49	0.11	足球场地设施建设	4.53	0.50	0.11
特色学校预期目标	4.20	0.65	0.16	家校沟通	4.00	0.73	0.18

三级指标	第一轮			三级指标	第二轮		
	均值	标准差	变异系数		均值	标准差	变异系数
足球阶段规划目标	4.40	0.61	0.14	与社会(社区)的联系	4.00	0.82	0.21
校内足球管理机构	4.00	0.73	0.18	校际合作	3.80	0.40	0.11
管理制度	4.13	0.81	0.20	人才选拔规章制度	4.40	0.49	0.11
安全管理	4.33	0.47	0.11	成立各级足球队数量	4.53	0.50	0.11
后勤服务	3.93	0.57	0.15	学年组织训练频率	4.27	0.44	0.10
干群关系	3.80	0.75	0.20	训练计划完善程度	4.53	0.50	0.11
管理机构	3.93	0.68	0.17	开设校内足球联赛次数	4.47	0.50	0.11
管理队伍	3.67	0.79	0.22	开设校内足球联赛规模	4.60	0.49	0.11
体育经费投入	4.13	0.62	0.15	比赛参与人数比	4.33	0.47	0.11
争取多方支持	3.73	1.00	0.27	每年校际比赛交流次数	4.67	0.47	0.10
体育场地、器械使用率	3.93	0.93	0.24	各级联赛参与次数	4.67	0.47	0.10
足球场地设施建设	4.20	0.75	0.18	年度获奖情况	4.47	0.50	0.11
家校沟通	3.93	0.68	0.17	人才培养与输送	4.33	0.47	0.11
与社会(社区)的联系	3.87	0.62	0.16	奖励措施	4.33	0.47	0.11
校际合作	4.00	0.63	0.16	安全保障	4.27	0.57	0.13
成立各级足球队	4.27	0.68	0.16				
开展校内足球联赛	4.07	0.57	0.14				
比赛参与人数比	4.07	0.57	0.14				
足球活动参与人数比	4.00	0.82	0.21				
组织训练	4.13	0.81	0.20				
训练计划	4.40	0.49	0.11				
校际比赛交流	4.27	0.44	0.10				
赛事参与情况	4.27	0.44	0.10				
年度获奖情况	4.33	0.60	0.14				
人才培养与输送	4.27	0.44	0.10				
奖励措施	4.07	0.57	0.14				
安全保障	4.27	0.44	0.10				

由表 5-9 可知,由于二级指标的调整,三级指标也作出相应的调整。在结合专家的意见和对均值低于 3.5 或变异系数大于 0.25 的指标进行删除与修改,三级指标"生活习惯""生活技能""社会实践""人际交往""教学常规""课堂教学""教学计划""师生关系""教师风气""教师表现""教师成就""管理机构""管理队伍""足球活动参与人数比"因均值较低和删除二级指标的缘故而删除;另外因二级指标"自我评价与改进"的增加,故新增三级指标

"自我评价"与"自我改进"。有专家指出,在二级指标"学生心理与人格"中,三级指标"学生日常行为习惯"偏离绩效评价的主旨,建议删除;三级指标"和谐校园"覆盖范围较广,不能很好的体现校园足球这一研究对象,建议删除。

由于一级指标"训练与竞赛"中的二级指标变动较大,除二级指标"校队成绩"和"奖励与保障"内的三级指标保持不变外,其余三级均作出调整:在专家的建议下调整二级指标后,为使三级指标更贴切二级指标含义,使三级指标所表达的意思更为准确,新增三级指标"人才选拔规章制度",修改三级指标"成立各级足球队"为"成立各级足球队数量","组织训练"为"学年组织训练频率","训练计划"为"训练计划完善程度",并将该四个三级指标归属于新二级指标"校队建设与训练"中;修改三级指标"开展校内足球联赛"为"开设校内足球联赛次数"与"开设校内足球联赛规模",将其与原三级指标"比赛参与人数比"同归属于新二级指标"赛事组织"内;将原三级指标"校际比赛交流"修改为"每年校际比赛交流次数"、"赛事参与情况"修改为"各级联赛参与次数",并将其同归属为新二级指标"赛事交流"内。

由此,结合各专家的意见,在第一轮的专家咨询中对本研究的三级指标进行了修改如下:

第一,删除三级指标中"生活习惯""生活技能""社会实践""人际交往""教学常规""课堂教学""教学计划""师生关系""教师风气""教师表现""教师成就""管理机构""管理队伍""足球活动参与人数比""学生日常行为习惯""和谐校园"这16个指标。

第二,新增3个三级指标:"人才选拔规章制度""自我评价"与"自我改进"。

第三,修改三级指标:"成立各级足球队"为"成立各级足球队数量","组织训练"为"学年组织训练频率","训练计划"为"训练计划完善程度","开展校内足球联赛"为"开设校内足球联赛次数"与"开设校内足球联赛规模","校际比赛交流"为"每年校际比赛交流次数","赛事参与情况"为"各级联赛参与次数"。

第二轮专家调查结果见表5-9所列。在整理数据中发现,三级指标"学生意志品质合格率""学校每年举办足球教师培训次数""干群关系""争取多方支持"和"校际合作"在两轮专家咨询中的得分均较低,并有专家在第二轮调查中指出"干群关系""争取多方支持"游离于基于"全面质量管理"的校园足球绩效评价之外,建议删除,故将该五项三级指标删除。部分专家提出在指标设计时,各指标要具有可操作性、整体完备性,要体现校园足球活动的特性,指标名称需清晰、简洁、明了,若范围较大时,在后期需做好解释,以便读者易懂。据此对其他几项含义重叠的指标进行合并,并对部分指标进行修改,在第二轮的专家调查中对本研的三级指标进行了如下的修改:

第一,删除5项三级指标"学生意志品质合格率""学校每年举办足球教师培训次数""干群关系""争取多方支持"和"校际合作"。

第二,合并三级指标"学生对学校足球场地的满意率"和"学生对学校足球器材的满意率"为"学生对学校体育设施的满意率";合并"校园足球宣传"和"班级足球宣传"为"校园足球宣传与报道";合并"开设校内足球联赛次数"和"开设校内足球联赛规模"为"开设校内足球联赛次数与规模"。

第三,修改三级指标"奖励措施"为"各级足球队队奖惩措施";"安全保障"为"校园足球参与安全保障"。

经过两轮专家调查最终得出的校园足球绩效评价指标体系,由5项一级指标,21项二级指标及54项三级指标形成。见表5-10所列。

表5-10　校园足球绩效评价指标体系(最终)

一级指标	二级指标	三级指标
A1 学生发展	B1 学生满意率	C1 学生对学校体育设施的满意率
		C2 学生对足球教学的满意率
		C3 学生对校园足球活动开展的满意率
	B2 学生心理与人格	C4 学生自尊水平合格率
		C5 学生心理健康率
	B3 学生足球技能	C6 颠球
		C7 往返运球
		C8 踢准
	B4 学生体质健康测试	C9 50米跑
		C10 坐位体前屈
		C11 一分钟跳绳
		C12 一分钟仰卧起坐
A2 教育教学	B5 足球教学课程开设	C13 体育课程设置
		C14 足球课程设置
		C15 校本课程开发
	B6 校园足球文化建设	C16 校园足球宣传与报道
		C17 组织足球文化活动
	B7 足球课外训练与活动	C18 社团组织足球活动次数
		C19 每周课余训练次数
		C20 足球课外活动参与人数比
A3 教师队伍	B8 师资情况	C21 体育教师数量
		C22 足球专项教师数量
		C23 外聘足球教练数量
	B9 教师培养	C24 每年足球教师参与培训次数
		C25 足球教师教练员等级情况
	B10 教师考核与激励	C26 体育教师考核
		C27 教师激励
		C28 教师待遇保障

一级指标	二级指标	三级指标
A4 组织领导	B11 目标与规划	C29 足球特色学校发展理念
		C30 特色学校预期目标
		C31 足球阶段规划目标
	B12 特色学校管理	C32 校内足球管理机构
		C33 管理制度
		C34 安全管理
		C35 后勤服务
	B13 自我评价与改进	C36 自我评价
		C37 自我改进
	B14 资源配置	C38 体育经费投入
		C39 体育场地、器械使用率
		C40 足球场地设施建设
	B15 社会交流	C41 家校沟通
		C42 与社会(社区)的联系
A5 训练与竞赛	B16 校队建设	C43 人才选拔规章制度
		C44 成立各级足球队数量
	B17 校队训练开展	C45 学年组织训练频率
		C46 训练计划完善程度
	B18 赛事组织	C47 开设校内足球联赛次数与规模
		C48 比赛参与人数比
	B19 竞赛交流	C49 每年校际比赛交流次数
		C50 各级联赛参与次数
	B20 训练成效	C51 年度获奖情况
		C52 人才培养与输送
	B21 奖惩与保障	C53 各级足球队队奖惩措施
		C54 校园足球参与安全保障

(四)指标体系的信效度检验

对本研究构建的指标体系进行信度与效度检验,以示本指标体系的合理度。对指标体系的信度检验采用克朗巴赫系数,即 Cronbach's α 系数。克朗巴赫系数是内在信度分析的方法之一,检测的是指标内部一致性,又称为同质性,一致性越高,指标体系越可靠,克朗巴赫系数越大,说明各指标间的相关性越大,一般的,克朗巴赫 α 系数 >0.8,信度很高;0.6≤克朗巴赫 α 系数 <0.8,说明信度较好;克朗巴赫 α 系数 <0.6,说明信度较差。本文对两轮专家咨询中的一、二、三级指标分别进行信效度检验,各指标具体检验结果见表 5-11 所列。

表 5 - 11　两轮专家咨询各指标间克朗巴赫 α 系数

	一级指标总体	二级指标总体	三级指标总体
第一轮	0.764	0.785	0.995
第二轮	0.774	0.907	0.990

由表 5 - 11 可知,在本构建的指标体系中,在两轮专家质询中各级指标的克朗巴赫 α 系数均为[0.6, +∞]区间,说明指标体系各指标的整体信度较好。其中第一轮的三级指标和第二轮的二级、三级指标的克朗巴赫系数均大于0.9,说明信度很高。

(五)评价指标体系指标权重的确定

1. 确定指标权重的整体思路

校园足球绩效评价是保障是评价校园足球开展情况的重要内容之一,科学、有效的绩效评价指标体系是保证校园足球特色学校足球活动质量的前提。指标权重设置是体现各指标重要性程度的最直观数据,指标越重要,其权重越高,因此,确定评价指标体系中的各指标权重是至关重要的。为了使构建的基于"全面质量管理"的校园足球绩效评价指标体系获得更为科学精准的权重值,本研究采用主观与客观相结合的群组评价构权方法来确定校园足球特色学校各评价指标的最终权重值。通常采用群组构权法合成最终权重值时有两种途径选择,一种是先求得各专家意见的权重,再进行群组合成;另一种是先合成群组关于各指标重要性的定量分值,再求解群组权重。综合考虑各种因素的影响,本研究选择第一种途径来确定校园足球特色学校各指标的最终权重值,即通过对专家"意见"进行加权的方式来合成校园足球特色学校各指标的最终权重值。

2. 层次分析法(AHP)的应用

运用层次分析法确定各指标的权重,首先需建立层次结构模型,即由决策目标:是指唯一的问题预定目标;准则层要素:也称指标层或中间层,包括若干个层次,是影响目标层实现的准则,可能由多个准则形成,需分析各准则层中因素的互相关系,从而分为不同的级别和层次;备选方案:也称方案层要素或措施层,是指使目标实现的解决方案或措施。确定各层次的位置后,用线连接起来,构成层次结构模型。本研究的层次结构模型是依据 Delphi Method 确定的校园足球绩效评价指标体系,决策目标为校园足球绩效评价;准则层要素为指标体系中的一级、二级指标;备选方案为指标体系中的三级指标。

其次是构造判断矩阵,也是层次分析法运用中最关键的一步,即为针对上一个层次中的某个因素来评定同层次中的相关因素之间的相对重要性程度,通常依据相对重要性等级表(如表 5 - 12)。假设上一个层次的一个因素为 C,下一个层次的相关因素为 C_1, C_2, C_3……, C_n,则构造的判断矩阵为 C = $(c_{ij})_{n \times n}$,具体如表 5 - 13,则 c_{ij} 表示为对上一个层次中的因素 C 而言,因素 B_i 对 B_j 的相对重要性程度。

表 5 - 12 相对重要性等级

相对重要性	定义	说明
1	相同重要	两个因素同样重要
3	略微重要	根据经验或判断认为一个因素比另一个因素略微重要
5	重要	根据经验或判断认为一个因素比另一个因素重要
7	明显重要	深感一个因素比另一个重要,并且已有实践证明
9	绝对重要	强烈地感觉一个因素比另一个因素重要得多
2,4,6,8	上述两项相邻判断的中间值	折中需要时采用

表 5 - 13 判断矩阵 C

C	C_1	C_2	……	C_n
C_1	C_{11}	C_{12}	……	C_{1n}
C_2	C_{21}	C_{22}	……	C_{2n}
……	……	……	……	……
C_n	C_{n1}	C_{n2}	……	C_{nn}

最后为检验一致性及层次单排序,通常用指标 $CI = \dfrac{\lambda_{max} - n}{n - 1}$ 来表示,其中 λ_{max} 为最大特征根,n 为受检验层次的子指标数。当 CI 小于 0.1 时,表示计算的权重可以接受。一般来说,对于指标体系的权重计算为多阶判断矩阵,检验其一致性,需引入平均随机一致性指标 RI 值(如表 5 - 14)及计算随机一致性比率 CR = CI/RI,且当 CR 小于 0.1 时,则该判断矩阵的一致性可接受,若 CR 大于 0.1,则认为该判断矩阵的一致性不可接受,需进行调整。根据各判断矩阵的各因素所得的权重,进行层次单排序。

表 5 - 14 平均随机一致性指标 RI 的取值表

阶数	1	2	3	4	5	6	7	8	9
RI	0.00	0.00	0.58	0.60	1.12	1.24	1.32	1.41	1.45

3. 指标权重的确定

本研究中指标体系的权重计算,是在指标体系构建完成后再度邀请各专家进行重要性等级评分的基础上而计算出来的。在计算中,若出现专家评分不一致,为保证权重计算的客观性,则取众数或平均值。由于该体系的层次和因素较多,计算过程较复杂,故忽略计算过程,均借助 yaahp10.1 软件完成运算。

（1）一级指标的权重及其一致性检验（CR）

表 5-15　一级指标的权重及其一致性检验表

一级指标	权重	CR
A1 学生发展	0.4537	
A2 教育教学	0.2074	
A3 教师队伍	0.1686	0.0852
A4 组织领导	0.0904	
A5 训练与竞赛	0.0798	

（2）二级指标的组合权重及其一致性检验（CR）

表 5-16　二级指标的权重、组合权重及其一致性检验表

一级指标	二级指标	权重	组合权重	CR
A1 学生发展	B1 学生满意率	0.2735	0.1241	
	B2 学生心理与人格	0.1261	0.0572	0.0422
	B3 学生足球技能	0.3374	0.1531	
	B4 学生体质健康测试	0.2631	0.1194	
A2 教育教学	B5 足球教学课程开设	0.297	0.0616	
	B6 校园足球文化建设	0.1634	0.0339	0.0088
	B7 足球课外训练与活动	0.5396	0.1119	
A3 教师队伍	B8 师资情况	0.5396	0.091	
	B9 教师培养	0.1634	0.0275	0.0088
	B10 教师考核与激励	0.297	0.0501	
A4 组织领导	B11 目标与规划	0.43	0.0389	
	B12 特色学校管理	0.2796	0.0253	
	B13 自我评价与改进	0.0506	0.0046	0.0905
	B14 资源配置	0.1564	0.0141	
	B15 社会交流	0.0834	0.0075	
A5 训练与竞赛	B16 校队建设	0.0719	0.0057	
	B17 校队训练开展	0.3152	0.0252	
	B18 赛事组织	0.1976	0.0158	
	B19 竞赛交流	0.1337	0.0107	0.0895
	B20 训练成效	0.1868	0.0149	
	B21 奖惩与保障	0.0948	0.0076	

（3）三级指标的权重、组合权重及其一致性检验（CR）

表 5－17　三级指标的权重、组合权重及其一致性检验表

一级指标（权重）	二级指标（权重）	三级指标	权重	组合权重	CR
A1 学生发展（0.4537）	B1 学生满意率（0.2735）	C1 学生对学校体育设施的满意率	0.2857	0.0355	0.0000
		C2 学生对足球教学的满意率	0.5714	0.0709	
		C3 学生对校园足球活动开展的满意率	0.1429	0.0177	
	B2 学生心理与人格（0.1261）	C4 学生自尊水平合格率	0.25	0.0143	0.0000
		C5 学生心理健康率	0.75	0.0429	
	B3 学生足球技能（0.3374）	C6 颠球	0.3196	0.0489	0.0176
		C7 往返运球	0.5584	0.0855	
		C8 踢准	0.122	0.0187	
	B4 学生体质健康测试（0.2631）	C9 50 米跑	0.5596	0.0668	0.0163
		C10 坐位体前屈	0.0955	0.0114	
		C11 一分钟跳绳	0.2495	0.0298	
		C12 一分钟仰卧起坐	0.0955	0.0114	
A2 教育教学（0.2074）	B5 足球教学课程开设（0.297）	C13 体育课程设置	0.6548	0.0403	0.0176
		C14 足球课程设置	0.2499	0.0154	
		C15 校本课程开发	0.0953	0.0059	
	B6 校园足球文化建设（0.1634）	C16 校园足球宣传与报道	0.75	0.0254	0.0000
		C17 组织足球文化活动	0.25	0.0085	
	B7 足球课外训练与活动（0.5396）	C18 社团组织足球活动次数	0.3333	0.0373	0.0000
		C19 每周课余训练次数	0.3333	0.0373	
		C20 足球课外活动参与人数比	0.3333	0.0373	

一级指标(权重)	二级指标(权重)	三级指标	权重	组合权重	CR
A3 教师队伍 (0.1686)	B8 师资情况 (0.5396)	C21 体育教师数量	0.2081	0.0189	0.0516
		C22 足球专项教师数量	0.6608	0.0601	
		C23 外聘足球教练数量	0.1311	0.0119	
	B9 教师培养 (0.1634)	C24 每年足球教师参与培训次数	0.6667	0.0184	0.0000
		C25 足球教师教练员等级情况	0.3333	0.0092	
	B10 教师考核与激励 (0.297)	C26 体育教师考核	0.5396	0.027	0.0088
		C27 教师激励	0.297	0.0149	
		C28 教师待遇保障	0.1634	0.0082	
A4 组织领导 (0.0904)	B11 目标与规划 (0.43)	C29 足球特色学校发展理念	0.4286	0.0167	0.0000
		C30 特色学校预期目标	0.4286	0.0167	
		C31 足球阶段规划目标	0.1429	0.0056	
	B12 特色学校管理 (0.2796)	C32 校内足球管理机构	0.3284	0.0083	0.0806
		C33 管理制度	0.1682	0.0043	
		C34 安全管理	0.3835	0.0097	
		C35 后勤服务	0.1198	0.003	
	B13 自我评价与改进 (0.0506)	C36 自我评价	0.75	0.0034	0.0000
		C37 自我改进	0.25	0.0011	
	B14 资源配置 (0.1564)	C38 体育经费投入	0.2	0.0028	0.0000
		C39 体育场地、器械使用率	0.2	0.0028	
		C40 足球场地设施建设	0.6	0.0085	
	B15 社会交流 (0.0834)	C41 家校沟通	0.6667	0.005	0.0000
		C42 与社会(社区)的联系	0.3333	0.0025	

一级指标(权重)	二级指标(权重)	三级指标	权重	组合权重	CR
A5 训练与竞赛 (0.0798)	B16 校队建设 (0.0719)	C43 人才选拔规章制度	0.8	0.0046	0.0000
		C44 成立各级足球队数量	0.2	0.0011	
	B17 训练开展(0.3152)	C45 学年组织训练频率	0.5	0.0126	0.0000
		C46 训练计划完善程度	0.5	0.0126	
	B18 赛事组织 (0.1976)	C47 开设校内足球联赛次数与规模	0.6667	0.0105	0.0000
		C48 比赛参与人数比	0.3333	0.0053	
	B19 竞赛交流 (0.1337)	C49 每年校际比赛交流次数	0.5	0.0053	0.0000
		C50 各级联赛参与次数	0.5	0.0053	
	B20 训练成效 (0.1868)	C51 年度获奖情况	0.25	0.0037	0.0000
		C52 人才培养与输送	0.75	0.0112	
	B21 奖惩与保障 (0.0948)	C53 各级足球队队奖惩措施	0.3333	0.0025	0.0000
		C54 校园足球参与安全保障	0.6667	0.005	

(六)基于全面质量管理的校园足球绩效模糊综合评价

评价是我们日常生活中常见到的一项认识活动,而且对一项事物的评价往往涉及多个因素或指标,这时候的评价就是对这些多种因素在相互作用下的一个综合判断,这就是多指标综合评价方法。多指标综合评价的方法有很多种,在体育领域研究中常用的综合评价方法有平均值评价法、主成分分析法、聚类分析法、判别分析法、模糊综合评价法、层次分析法等。虽然这些评价方法各异,但总体的评价思路是一致的,那就是先熟悉评价对象,构建评价指标体系,确定指标权重,建立数学评价模型和分析评价结果等几个环节。其中最主要的环节是构建评价指标体系,确定指标权重和建立数学评价模型。

基于影响校园足球绩效评价的多种因素在其产生的影响程度上具有一定的模糊性,结合模糊综合评价法的优点,故本研究选择该方法对校园足球绩效进行评价。本章通过相关方法已经构建了一套比较完整科学的基于全面质量管理的校园足球绩效评价指标体系,下一步将从具体操作层面探讨应用这一指标体系进行模糊综合评价的具体方法和步骤,为下一节的实证研究做准备。

1. 模糊综合评价法简介

现实生活中不确定现象随处可见,比如温水与热水、美与丑等,这种不确定现象表现在两个方面,第一就是某一现象发生的不确定性也即随机性,第二就是这一现象本身状态的不确定性,即模糊性。随机性可以看作是外在因果关系的不确定性,而模糊性是一种内在结构的不确定性,因此模糊性是比随机性更加深层次的不确定性,生活中,模糊性要比随机性存在的更为广泛。随着社会和科技的发展,越来越多的复杂问题需要来处理,而这类复杂问题都会涉及多种因素,在我们无法对所有因素进行考察时,为了要处理这些复杂问题,往往可以采取忽略部分因素,但这并不影响对问题本质的正确性认识,这就需要模糊识别和判断。模糊数学是由美国控制论专家 L. A. 扎德(L. A. Zadeh)教授在 1965 年首先提出的,它的诞生为我们用数学工具去处理和解决模糊问题提供了新的方法和思路。这一方法的出现,被看作是架起了形式化思维与复杂系统之间的桥梁。模糊综合评价作为模糊数学的具体应用,是用精确的数学语言来描述模糊性现象的一种评价方法。这一评价方法具有很多优点,第一就是模糊综合评价结果不是一个单点值,而是以向量的形式呈现,这一向量是能够较为准确的描述评价对象模糊状态的模糊子集,对向量若进一步加工处理,就可以得到评价对象的最终等级;第二就是对越是层次多、结构复杂的评价对象,其评价效果越好,这是因为模糊综合评价能够最大限度地描述评价对象的复杂程度,而且能够较准确的确定指标的权重;第三就是既能够用于主观因素的评价,又能够用于客观因素的评价,而且用于主观因素的评价效果要优于其他方法;第四就是根据评价者的需要可以改变评价指标的权重。

2. 基于全面质量管理的校园足球绩效模糊综合评价基本模型和步骤

本部分将应用模糊综合评价法对校园足球绩效评价进行评价,其评价模型和步骤如下:

(1)确定综合评价的因素集

确定校园足球绩效综合评判的因素论域即确定校园足球绩效评价指标体系。前面我们已经通过相关研究确定了基于全面质量管理的校园足球绩效评价指标体系,从理论上来说,这一评价指标体系较为全面地反映了影响校园足球绩效评价的各种因素。在我们实际评价过程中,既可以直接运用该指标体系进行评价,又可以根据评价成本、工作量和具体区域的校园足球实际开展情况,对评价指标进一步合理筛选,形成综合评判的因素论域。因素论域用公式可以表示为:$U = \{u_1, u_2, u_3, \cdots, u_m\}$,其中 $u_i(i = 1, 2, 3, \cdots, m)$ 为评价对象的 m 个评价指标。

(2)确定综合评价的评判集

评语等级论语即评价等级集合,可用 $V = \{v_1, v_2, v_3, \cdots, v_n\}$ 来表示,$v_j(j = 1, 2, 3, \cdots, n)$ 是校园足球的绩效评价等级。一般来说,评价等级 n 的个数取[3,7]中的整数,这是因为如果 n 过大,很难用精确地语言描述而且不容易判断等级归属,若 n 过小,则又不符合模糊评价的质量要求。根据这些要求,本部分将校园足球的绩效评价等级分为 3 个等级,即 V = {很好,好,一般,差,很差}。

(3)构造综合评价的模糊关系矩阵

首先要对校园足球绩效评价的每一个因素 $u_i(i = 1, 2, 3, \cdots, m)$ 进行量化,也即做单因素评判,从单因素 u_i 来看对评价等级 $v_j(j = 1,2,3,\cdots,n)$ 的隶属度 r_{ij},这样就显得出了单因素 u_i 的评判集 $r_i = (r_{i1},r_{i2},r_{i3},\cdots,r_{in})$。其次要逐个对 m 个因素做评判,所得出来的评判可以构成一个总的评价矩阵 R:

$$R = (r_{ij})_{m*n} = \begin{cases} (r_{11},r_{12},\cdots,r_{1n} \\ \qquad \cdots \\ r_{m1},r_{m2},\cdots,r_{mn} \end{cases} ,(i = 1,2\cdots,m;j = 1,2,\cdots,n)$$

该评价矩阵中 r_{ij} 表示第 i 个因素 u_i 在第 j 个评语 v_j 上的评率分布。

(4)确定综合评价的权向量

通常 m 个评价因素对评价对象的重要性程度不同,所以我们引入 U 上的一个模糊子集 A,称它为权向量,用 $A = (a_1,a_2,a_3,\cdots,a_m)$ 来表示,其中 $a_i > >0$,且 $\sum a_i = 1$,它反映的事对诸因素的一种权衡。基于在指标构建时已经通过层次分析法确定了各级指标的权重,因此将权向量的确定为权重。

(5)合成模糊综合评价结果向量

模糊关系矩阵 R 中的不同行反映的是影响校园足球绩效评价的每个因素对个等级模糊子集的隶属度,用权向量 A 将不同因素进行综合,就可以得到校园足球绩效评价模糊综合评价结果向量 B,即 $B = A°R$。

$$B = A°R = (a_1,a_2,a_3,\cdots,a_m)° \begin{cases} (r_{11},r_{12},\cdots,r_{1n} \\ \qquad \cdots \\ r_{m1},r_{m2},\cdots,r_{mn} \end{cases} = (b_1,b_2,b_3,\cdots,b_n)$$

其中 b_j 是由权向量 A 与模糊关系矩阵 R 的第 j 列运算得到的,它表示校园足球绩效评价从整体上来看对评语 v_j 的隶属度。°为算子符号,$A°R$ 采用不同的计算模式,可得到不同的模糊综合评价结果向量,考虑到加权平均型综合评价模型更适用与要求整体性指标的情形,因此选其作为广义模糊算子。如果 $\sum_{j=1}^{n} b_j \neq 1$,需要做归一化处理,具体如下:

令 $b = b_1 + b_2 + b_3 + \cdots + b_n = \sum_{j=1}^{n} b_j$

归一化：$\hat{B} = (\frac{b_1}{b},\frac{b_2}{b},\frac{b_3}{b},\cdots,\frac{b_n}{b}) = (\hat{b_1},\hat{b_2},\hat{b_3},\cdots,\hat{b_n})$

$\hat{B}$ 即为因素集 U 对于评判集 V 的评价结果向量。

(6)对模糊综合评价结果向量进行分析

经过模糊综合评价所得到的评价结果向量 $(\hat{b_1},\hat{b_2},\hat{b_3},\cdots,\hat{b_n})$ 需进行进一步处理,以获得最终评判结果。实际中最常用的方法是最大率速度原则,即若 $b_r = \max_{1 \leq k \leq n}\{b_k\}$,则评价对象总体上来讲隶属第 r 等级。在对校园足球绩效进行评价时,按照最大隶属度原则来确定其等级 v_j,这一等级就是校园足球绩效评价的最终结果。

第六章　基于"全面质量管理"的校园足球绩效评价的实证性分析

一、我国青少年校园足球特色学校质量提升的理论逻辑与实践路径

目前,已在全国38万所中小学中遴选认定校园足球特色学校27059所,设立校园足球改革试验区38个,遴选校园足球试点县(区)160个,在全国布局建设"满天星"训练营80个,招收高水平足球队高校181所。距2025年达5万所校园足球特色学校的总量目标已超过一半,校园足球特色学校建设取得了初步的成效。2018年教育部发布《教育部办公厅关于加强全国青少年校园足球特色学校建设质量管理与考核的通知》提出"明确监管主体和监管责任;明确质量建设是第一责任人;强化管理,接受社会监督"。校园足球特色学校建设的质量问题逐渐成为理论界和政策机构关注的热点,如何提升和管理校园足球特色学校的质量成为亟待破解的理论课题和实践命题。

通过以往国内学者对校园足球特色学校质量问题的研究,可以发现学者们主要是从以下几个方面入手的。一是从校园足球特色学校的内涵和概念入手进行研究。内涵是事物的本质属性,对校园足球特色学校内涵的研究是质量管理的逻辑基础。以校园足球特色学校的由来,校园足球特色学校与足球传统学校、足球学校概念之间的辨析。还有从教育政策角度解读校园足球特色学校产生的原因,并通过解读一系列校园足球的政策文件界定了校园足球特色学校的目标任务,提出了特色学校建设的意见。二是以特色学校绩效评价为主进行研究。通过引入风险管理理论,对校园足球各绩效指标统计分析,构建出校园足球全面的评价指标,通过全面风险分析发现我国校园足球政策困难程度处在"较高"水平。三是从管理角度研究特色学校存在问题入手。校园足球特色学校的管理标准、审核过程、布局规划、发展监管的四个方面的现实状态及其存在什么问题,从完善校园足球特色学校的监管监督工作提出了校园足球特色学校退出机制,从校园足球特色学校长期发展与质量提升工作的角度提出与学校要与俱乐部形成共生发展的机制。

校园足球工作是一个涉及教育、体育、文化、经济等多方面的系统工程,而校园足球特色学校的建设质量更是关系的我国校园足球政策能否成功实现目标的关键问题。通过对以往研究可知,自2015年后通过对校园足球特色学校质量管理有关研究逐渐深入,这不仅有利于深层次的认识校园足球特色学校质量管理的内涵,而且利于把握校园足球特色学校质量提升的逻辑。但是对于校园足球特色学校质量提升的逻辑机理以及提升路径的研究成果

少,有待于进一步深入。鉴于此,本部分以全面质量管理视角分析校园足球特色学校质量提升的内在逻辑,并从实践角度明确校园足球特色学校的发展方向与改进方向。

二、我国青少年校园足球特色学校质量管理现状

2014 年教育部发布的第一批校园足球特色学校遴选通知,同时还发布了全国校园足球特色学校基本标准(试行)。随后教育部出台了一系列与特色学校创建和遴选以及质量管理的政策文件。2017 年发布校园足球特色学校复核指标体系(以下简称《复核指标体系》),2018 年发布更加完善的校园足球特色学校创建指标体系(以下简称《创建指标体系》)。这一系列标题带特色学校的通知文件是教育部对校园足球特色学校建设的质量管理标准,标准既包括"入门标准"又包括"会员标准"。

(一)校园足球特色学校目标管理现状

目标管理是通过最高管理者提出的总的目标方针,并通过组织内部分工与资源分配促使并激励下属部门实现其分目标而达到总目标的实现。而特色学校工作目标的制定必须依照上级部门制定的质量方针。但现实是多数特色学校在实施目标时不少特色学校对自己的任务不明,对遴选特色学校的目标不清,导致在建设特色学校时抓不住重点,不知道方向,找不准定位。实现目标过程中容易出现目标偏差,如学校偏重于把以校代表队建设的成绩和学校培养输出足球竞技人才当作校园足球工作主要目标,而对教育教学目标界定模糊,弱化足球教学管理。

2018 年教育部发布更完善的特色学校创建指标,进一步完善了特色学校质量管理目标体系。通过分析历年来校园足球遴选通知,可以发现 2017 年发布的《复核指标体系》与2018 年发布的新版《创建指标体系》都把足球普及工作的评价占比加重,尽可能弱化精英足球导向。直到在 2019 年特色学校遴选工作目标中,第一次出现如"不断提高校园足球发展质量和水平,为中国优秀足球后备人才的成长开辟新通道"培养精英足球后备人才的目标导向。

但在现实工作中,如果把普及与提高放在同一个维度实施,难免造成目标偏差,也就势必造成特色学校在评价上面的难处。结合文献与工作实际,总结校园足球特色学校质量目标管理常见问题有:第一,特色学校制定质量目标过程中盲目照搬上级质量目标指导意见,反而违背上级管理部门的宗旨和意图。第二,特色学校制定的质量目标与自身条件不适,以容易评价的竞赛为目标过多,而评价难度较大的足球普及方面的教学有质量目标少。第三,质量目标不可持续性,在制定质量目标过程,缺少考虑整体资源配置。如一些学校为了在竞赛中获取好的名次,利用学校自身资源大量把下级学校优秀足球队员引进学校甚至区域内垄断优质生源。通过掠夺性手段快速提高学校竞赛成绩,并长期霸占区域内资源。竞赛成绩目标实现了,但同时把其他学校开展校园足球的积极性打消了,最终与校园足球活动目的

相悖。第四,特色学校的质量目标数年不变,达到教育部制定的标准即可,没有持续改进的管理理念,这样的质量目标管理的观念不可能提高特色学校的校园足球工作质量。

(二)校园足球特色学校质量评价标准实施现状

2017年5月,教育部对2015年、2016年认定的13381所校园足球特色学校建设质量情况进行复核,经汇总统计,全国校足办决定取消8所学校的校园足球特色学校资格并责令29所学校限期整改。复核是教育部对特色学校建设工作的评价方式之一,同时通过复核也可以了解现行的校园足球特色学校质量管理标准能否在特色学校内部执行有效执行。

2014年至今,教育部一共发布三个特色学校质量标准的主要文件:全国校园足球特色学校基本标准(试行)、全国青少年校园足球特色学校创建指标体系、全国青少年校园足球特色学校复核指标体系。三个文件主体框架一样,试行标准作为创建指标体系与复核指标体系的主体框架,创建指标与复核指标之间稍微有调整。

在实际工作中,这些质量标准存在以下问题:第一,客观操作性难度大。在教育教学评审指标中教学理念观测点"把足球作为立德树人的载体,积极推进素质教育"中,评审主观性强,容易出现不公平现象。第二,评审指标表述不明确。在条件保障评审指标的观测点体育师资队伍中表述"每年有一次以上培训机会",该观测点容易产生歧义,是这个学校一年获得一次培训教师机会还是该校足球教师一年都有一次培训机会不够明确。还有在场地设施建设观测点中"场地设施、器材配备达到国家标准"标准不够具体化,应该把这个国家标准明确列出或尾注。第三,创建指标与复核指标基本一样,体现不出质量要求。通过对比校园足球特色学校创办指标体系与复核指标体系,发现两者评审指标差异不大,改变主要集中在教学与训练中。

三、校园足球特色学校实施全面质量管理的理论逻辑

针对我国青少年校园足球特色学校质量管理的目标与标准现状,首先,借助全面质量管理工具PDCA(SDCA)质量循环理论为分析框架分析校园足球特色学校目标与标准的动态提升过程。其次,以全面质量管理理论视角分析我国青少年校园足球特色学校质量管理提升的要素,结合校园足球特色学校的特点建构我国青少年校园足球特色学校内部全面质量管理理论模型。

(一)校园足球特色学校的目标在质量提升与标准稳定之间持续进步

全面质量管理常用的目标质量管理是PDCA循环,其一般分为四个阶段,既目标计划或标准(P/S)阶段、执行(D)阶段、检查(C)阶段、行动(A)阶段。计划的设立时开展目标管理的第一步,目标阶段的主要内容是通过调查分析,了解顾客需求,确定计划的目标。执行阶段的主要内容是实施计划阶段的行动计划达到目标。检查阶段是指计划执行完后或过程中

对执行情况的检查,评价是否符合预期计划是否达到预期目标。行动阶段是指检查阶段后,经过评价采取相应的措施。

校园足球特色学校对教学训练工作质量的持续改进是校园足球质量工作的核心和关键。在针对校园足球特色学校的全面质量管理中,通过目标与标准的结合,使教学与训练工作不断进步,在质量管理过程中让日常工作的各个环节和因素始终处于受控状态。根据《创建指标体系》《复核指标体系》评审指标五大模块设立质量管理点制定 PDCA 与 SDCA 的循环管理,其中 PDCA 表示改进,目的是质量的提高;SDCA 表示维持,其目的就是标准化及稳定现有水平。在校园足球特色学校创建之前,《创建指标体系》就是特色学校的标准(S),经过执行阶段、检查阶段、修正阶段后达到了创建指标,遴选为特色学校后,重新设立目标计划阶段(P)制定如学校的人才培养目标、学校的预算和评价、学校开展现状的把握、学校教育教学与训练全过程的质量管理的目标。再执行(D)新目标计划。在检查阶段(C)确认是否按日程实施、能够按计划达成目标、分析在执行过程中存在困难或实施失败实例的原因。在修正阶段(A)要把校内工作成功的经验加以肯定,从而转化成下一个循环的标准(A),在失败的实例方面分析原因,吸取教训,以此为下一循环的计划(P)进入下一个工作 PDCA 循环。通过持续的循环把特色学校内足球工作质量稳步提高,形成在执行校园足球工作目标的过程之中实现质量持续的提升,如图 6 – 1 所示。

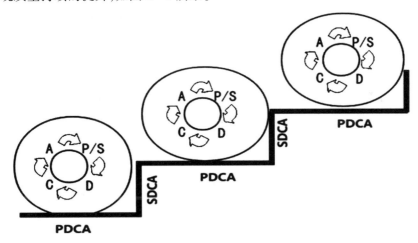

图 6 – 1　PDCA 与 SDCA 结合的持续改进

(二)基于全面质量管理的校园足球特色学校内部质量控制

全面质量管理的经典理论和模型是经过多位管理学者通过长期对理论与实践结合的研究结果。戴明通过对产品质量变异的研究,提出有关产品质量持续改进的观点,并且可以通过 PDCA 与 PSCA 循环解决质量问题。朱兰则认为产品质量的提升必须经过策划、改进、控制的质量三部曲和质量螺旋。费根保姆则关注全面质量控制的观点是指控制发生在生产全过程的各环节。尽管每位质量管理专家关注的全面质量管理要素侧重点不同,但总的来说,全面质量管理的六个要素在各管理学者的主要观点中是不可或缺的,以顾客为中心、依靠和发挥高层管理者的作用、坚持持续的改进、全员参与质量管理、实施过程管理、建立有效的质量管理体系。

校园足球特色学校全面质量管理模型如图6－2所示。

第一,校园足球特色学校全面质量管理由校领导发动,通过领导层考查学生及家长的需求,根据教育部对特色学校创建与复核指标,确定本校校园足球质量方针,并把足球育人的教学与训练质量纳入学校长远发展战略。

第二,学校主管部门(通常是学校校园足球工作领导小组)根据制定的校园足球质量管理方针、设定校园足球教学与训练质量管理的目标,质量规范及质量控制要求,结合学生及家长需要以及本校开展校园足球教学与训练能力的全过程进行有效的控制和管理。

第三,教师及教练员按照《全国青少年校园足球教学指南(试行)》《学生足球运动技能等级评定标准(试行)》以及本校教学与训练质量规范和目标为学生及家长提供教学与训练服务。

第四,通过测量和分析学生和家长对教学与训练满意状况的反馈,为足球教师的教学及训练以及学校校园足球服务工作提供改进的意见和建议,以促进校园足球特色学校质量提升。

第五,发动学校每一个成员为校园足球工作发力,激励教师和教练员不断改进教学与训练的方法、设计和组织,对校园足球工作质量不断地提出改进策略与要求,以满足学生和家长需求。

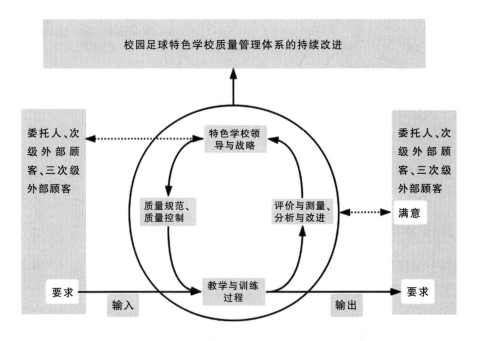

图6－2　校园足球特色学校内部质量管理体系模型

四、校园足球特色学校质量提升的实践路径

校园足球特色学校内部质量保障是指学校为了维持足球教学与训练工作质量而采取的有目的、有计划、有组织的、系统的管理过程。特色学校应借鉴全面质量管理理论与方法来构建自身足球工作的质量保障体系,通过全面质量管理理论实践化与操作化保障校园足球工作的持续高效进行。

(一)建立质量提升目标与标准质量管理体系

校园足球特色学校缺少一套完整的内部有关足球教学和训练工作的质量评价标准,往往更倾向于用比赛成绩来评价校园足球工作。例如,对足球课教学的评价缺乏具体可操作的衡量标准,没有能评价一堂足球课效果好坏的量化标准,评教的教师在进行课堂评价时还只能用主管的经验来判断课的好坏。即使把判断体育课的评价方法和技巧用来评价特色学校的足球课,还是不可避免地出现无效甚至负效的课堂评价。足球训练课与普通体育课相比无论是课程的目标,课程内容安排差异还是很大。因此校园足球特色学校应该有一套涵盖足球教学与训练全过程与完整环节的过程质量标准,并以文件的形式确定下来。根据办学定位、办学特色、足球人才培养规格和足球教学环节的具体情况制定相关的质量标准体系。同时这些质量标准与特色学校现存的学校管理规则、规章制度精神不悖,而是相互补充、相互承接的关系。有些规章制度经修订后可以成为新的质量标准的程序文件或程序的支持条例等,从而为特色学校足球教学质量和人才培育目标的实现提供优秀的教学质量和人才培养目标的实现。

(二)建立以"顾客"需求为导向的质量管理机制

校园足球特色学校本质上属于教育服务,因此必须以顾客满意度放在首要位置。在这里需要廓清教育场域中的"顾客"概念。但在教育领域用顾客这个词从字面上理解太商业化,不适合教育场域,而应该用"委托人"来代替,委托人是教育服务的主要受益者。以顾客为导向的质量管理机制是指学校内部每一个教学管理环节要求每个部门都有相对应的"顾客",足球教师为参与足球活动的学生服务,学校教辅人员为足球教师服务。以往足球教师对学生的教学训练服务没有到位的主要原因,就是因为校内教辅部门没有对足球教师的服务到位。我们以往的教学管理中,所有教学及教务人员都把给学生服务理解为所有成员都是直接给学生提供服务,但实质应该是分层次给学生提供服务。例如,在年级队伍中间,一至二年级学生的教学训练教师保证本班本年级学生的质量就是为下一年级的老师服务。这将打破传统的科层制管理结构,不再是以"校长—副校长—中层管理者—年级组—教师—学生"这种层级服务结构,而要做到每个环节有特定的直接服务的"顾客",所有服务传递到最终都是为了学生的发展。

(三)开展常态化的学校内部质量评价

在校园足球特色学校中开展常态化的自我评价是一种组织自我完善和发展的有效手段,也是组织内部质量管理运行完善的环节,同时也利于在学校内部树立正确的质量意识。开展自我评价不是"要做什么",而是以"如何做"为前提的周期性的反省和自我诊断。在组织内部适时的开展内部自我评价能够及时地发现学校质量管理运行过程中的问题。为了持续改进和提高校园足球特色学校的教学与训练工作,学校内部需要适时的开展自我评价,邀请外部咨询专家与学校领导和主要管理人员进行座谈讨论。评价需要阐明日常教学和训练相关工作的现状,还要对校园足球本身的发展方向进行把握,分析结果拟定结论后确定改进目标。这样就将自我评价与日常教学管理结合,充分发挥评价的导向、诊断、预警的作用。当然开展自我评价要注意整体性,如针对运动队工作的评价与针对普及足球的每周一节足球课和课外活动的项目评价时必须充分考虑评价指标的公平性。相对来说,通过成绩来评价运动队工作明显比普及性的足球课来得容易。

(四)明确特色学校质量管理责任主体

明确校园足球特色学校质量管理责任主体是校园足球进入提质增效阶段保证足球教学训练质量的迫切要求。规范的质量责任能保证特色学校内部的质量体系的结构稳定、教学与训练的质量循环的程序可持续提升、特色学校内部质量管理过程的资源分配合理。没有规范的质量责任就形成不了对质量的有效管理。建立校园足球特色学校质量责任的直接目的,就是要明确参与校园足球各行动主体在工作中的职责。将质量责任落实到具体的个人或集体,实现职与责的统一,提高相关教师、教练员以及工作人员的质量意识。具体应该从以下几个方面入手:第一,明确学校教学和训练工作中各岗位与职务的管理职责,强化对校园足球工作的年度考核,以突出教学工作的突出地位。第二,减少或杜绝校园足球活动中涉及多部门和人员间的、可能存在的职责与任务分配重叠或遗漏。第三,对每个岗位的人员在职务上的说明要界定清楚,并进行书面说明。第四,建立质量考核制度,并明确与之相符的质量考核标准、周期、手段及奖惩等。

(五)健全特色学校内外质量评价管理体系

校园足球特色学校的字面意思往往只体现出该学校在足球方面有特色,无法反映出作为特色学校,其自身的整体管理方式也发生了相应的改变。校园足球特色学校的建设也是一种管理活动和过程,教师们不仅要注重学校体育的管理创新、责任分担,还要集中精力攻关校园足球,并在实践中不断发展和完善。建立起完善的质量管理体系的学校是开展有质量的校园足球工作的前提。目前教育部通过行政的方式组织了有效的质量管理体系,但是该体系管理的主要任务是审核认定,以及复核校园足球特色学校开展工作情况,缺乏对特色学校校园足球工作的监控反馈和改进。而从特色学校组织内部角度考虑,每一所特色学校也需要有自己的内部质量管理部门以保证其工作持续改进。因此,针对质量管理机构的体系化建设应该从两个方面来考虑,一方面,应该建立体系化的质量监控与管理机构,负责对学校教学质量保障体系的运行。另一方面,在学校内部,需要设立内部质量管理组织,定期听取和审查校内开展校园足球工作的质量报告,保证特色学校内部质量保障体系的完整有效。

五、校园足球特色学校绩效评价的实施步骤与方法

(一)校园足球特色学校绩效评价的实施步骤

步骤是指事情进行的程序或顺序,任何领域的评价一般都按照以下五个步骤展开,即明确评价目的、确定评价对象与评价者、确定评价类型、建立评价指标体系及其权重、选择评价方法并得出评价结果。在本研究的实证部分将在基于"全面质量管理"的校园足球绩效拍评价指标体系基础上,采用模糊综合评价法,将绩效评价指标体系转化为一个三级的模糊综合评价模型逐层集合。一级评价由三级指标聚合到二级指标;二级评价由二级指标聚合到一级指标;三级评价由一级指标聚合到"校园足球绩效评价"这个总目标,最终得出校园足球绩效评价的评价结果。

(二)校园足球特色学校绩效评价的实施方法

各单项评价指标数据的获得是校园足球绩效评价的重要环节,但由于对校园足球绩效评价所涉及的领域较多,对各单项评价指标真实数据的获得需要大量的时间和资金,并不是一人能够完成的,需要多学科和专业的专家团队共同完成。因此,本节实证部分的各单项指标数据采取选择式问卷(见附件五)的形式,从我国东部、南部、西部、北部、中部地区中各选取一个改革试验区,就校园足球开展的绩效,向该地区教育局、体育局、各区(市)教体局从事校园足球管理的人员,高校足球教师,定点学校分管体育的领导,定点学校足球教练员或指导员等进行了问卷调查,让他们对基于"全面质量管理"的校园足球绩效评价指标体系中的三级指标进行单因素评价。

其中,绩效评价评判集的确定则将问卷中将绩效评价等级分为五个评价等级,即 $V = \{$很好,好,一般,差,很差$\}$,权重采用前文层次分析中确定的加过。另外根据前面建立的校园足球绩效评价指标体系,综合评价的因素集可分为三个层次,第一层因素集 $U = \{A1, A2, A3, A4, A5\}$;第二层次因素集 $A1 = \{B1, B2, B3, B4\}$,$A2 = \{B5, B6, B7\}$,$A3 = \{B8, B9, B10\}$,$A4 = \{B11, B12, B13, B14, B15\}$,$A5 = \{B16, B17, B18, B19, B20, B21\}$;第三层次因素集 $B1 = \{C1, C2, C3\}$,$B2 = \{C4, C5\}$,$B3 = \{C6, C7, C8\}$,$B4 = \{C9, C10, C11, C12\}$,$B5 = \{C13, C14, C15\}$,$B6 = \{C16, C17\}$,$B7 = \{C18, C19, C20\}$,$B8 = \{C21, C22, C23\}$,$B9 = \{C24, C25\}$,$B10 = \{C26, C27, C28\}$,$B11 = \{C29, C30, C31\}$,$B12 = \{C32, C33, C34, C35\}$,$B13 = \{C36,$

$C37$}，$B14 = \{C38, C39, C40\}$，$B15 = \{C41, C42\}$，$B16 = \{C43, C44\}$，$B17 = \{C45, C46\}$，$B18 = \{C47, C48\}$，$B19 = \{C49, C50\}$，$B20 = \{C51, C52\}$，$B21 = \{C53, C54\}$。

六、东部地区校园足球绩效评价的实证性分析——以安徽省蚌埠市为例

（一）安徽省蚌埠市校园足球发展概况

蚌埠市地处我国南北分界线秦岭淮河线与南北交通大动脉京沪线的交汇点上，自古以来就是"决战"之地。现辖三县四区和两个功能区，区域面积 5952 平方公里，人口 360 万，中小学（含幼儿园）1288 所，学生 55 万。蚌埠市竞技体育成绩斐然，连续 30 年省运会和省中学生运动会都稳居三甲，蚌埠人对足球更是情有独钟，早在 20 世纪 80 年代蚌埠就是全国二十个"足球城"之一，是全国甲级联赛的主要赛区之一，先后为国家各级足球队输送过李毅、赵鹏、陈雷以及现在的韦世豪等许多优秀队员。

自 2018 年 11 月被教育部命名为全国青少年校园足球改革试验区以来，为了适应校园足球体制改革，蚌埠市继续发扬蚌埠足球的优良传统，努力探寻校园足球发展的内在规律，大力彰显校园足球的育人属性，坚持育人为本、普及为先、校本为主，科学谋划，广泛动员，在全市范围内启动和实施蚌埠市校园足球"百千万"工程，即培育百所足球特色校、千个足球特色班、万名足球兴趣生，开启了打造校园足球升级版的新航程。目前，全市已有 93 所中小学被教育部命名为全国"青少年校园足球特色学校"、152 所中小学被命名为蚌埠市"青少年校园足球特色校"，足球特色校占全市中小学的五分之一。淮上区还被教育部命名为"全国校园足球试点县区"。

（二）安徽省蚌埠市校园足球绩效综合评价

1. 综合评价评判集的确定

根据评级的实施步骤和方法，共对蚌埠市发放单因素调查问卷 56 份，回收有效问卷 50 份，调查结果见表 6 - 1 所列。

表 6 - 1　蚌埠市校园足球绩效评价单因素调查结果统计表

三级指标	各档评分人数				
	很好	好	一般	差	很差
C1 学生对学校体育设施的满意率	2	13	20	11	4
C2 学生对足球教学的满意率	16	22	7	5	0
C3 学生对校园足球活动开展的满意率	14	25	6	4	1
C4 学生自尊水平合格率	8	17	13	8	4
C5 学生心理健康率	12	18	9	8	3

三级指标	各档评分人数				
	很好	好	一般	差	很差
C6 颠球	15	19	14	2	0
C7 往返运球	14	14	13	7	2
C8 踢准	10	12	18	8	2
C9 50 米跑	8	12	21	7	2
C10 坐位体前屈	10	13	20	6	1
C11 一分钟跳绳	16	14	13	7	0
C12 一分钟仰卧起坐	9	13	15	10	3
C13 体育课程设置	18	17	12	3	0
C14 足球课程设置	20	16	10	4	0
C15 校本课程开发	10	19	13	6	2
C16 校园足球宣传与报道	12	16	20	3	1
C17 组织足球文化活动	16	16	14	4	0
C18 社团组织足球活动次数	13	12	14	9	2
C19 每周课余训练次数	26	15	8	1	0
C20 足球课外活动参与人数比	20	14	12	4	0
C21 体育教师数量	10	15	17	7	1
C22 足球专项教师数量	0	10	16	19	5
C23 外聘足球教练数量	0	12	15	18	5
C24 每年足球教师参与培训次数	12	16	18	4	0
C25 足球教师教练员等级情况	6	10	20	11	3
C26 体育教师考核	8	14	16	8	4
C27 教师激励	7	16	17	8	2
C28 教师待遇保障	8	11	20	7	4
C29 足球特色学校发展理念	21	19	10	1	0
C30 特色学校预期目标	18	18	14	0	0
C31 足球阶段规划目标	18	16	16	0	0
C32 校内足球管理机构	16	17	17	0	0
C33 管理制度	20	18	11	1	0
C34 安全管理	10	14	16	8	2
C35 后勤服务	8	15	15	9	3
C36 自我评价	5	13	22	7	3
C37 自我改进	7	15	16	10	2

三级指标	各档评分人数				
	很好	好	一般	差	很差
C38 体育经费投入	7	13	22	7	1
C39 体育场地、器械使用率	10	15	14	8	3
C40 足球场地设施建设	4	14	20	10	2
C41 家校沟通	8	15	20	7	0
C42 与社会(社区)的联系	9	16	17	5	3
C43 人才选拔规章制度	3	11	23	9	4
C44 成立各级足球队数量	15	24	7	4	0
C45 学年组织训练频率	20	18	11	1	0
C46 训练计划完善程度	10	14	15	9	2
C47 开设校内足球联赛次数与规模	6	8	22	11	3
C48 比赛参与人数比	19	13	15	3	0
C49 每年校际比赛交流次数	9	17	19	4	1
C50 各级联赛参与次数	16	18	14	2	0
C51 年度获奖情况	7	16	18	8	1
C52 人才培养与输送	16	18	16	0	0
C53 各级足球队队奖惩措施	3	10	20	13	4
C54 校园足球参与安全保障	3	9	22	13	3

2. 一级评价

校园足球绩效评价体系共有 5 个一级指标,每个一级指标又由若干个二级指标构成,因此需要分别进行评价。先对基础子集进行一级评价。

(1)确定单因素评价矩阵

根据表中的信息,用每项指标各档评分人数除以 50 作为隶属度,可得到二级指标的单因素评价矩阵,用 r_{ij} 表示,则有:

$$r_{B1} = \left\{ \begin{array}{l} 0.04, \ 0.26, \ 0.40, \ 0.22, \ 0.08 \\ 0.32, \ 0.44, \ 0.14, \ 0.10, \ 0.00 \\ 0.28, \ 0.50, \ 0.12, \ 0.08, \ 0.02 \end{array} \right.$$

$$r_{B2} = \left\{ \begin{array}{l} 0.16, \ 0.34, \ 0.26, \ 0.16, \ 0.08 \\ 0.24, \ 0.36, \ 0.18, \ 0.16, \ 0.06 \end{array} \right.$$

$$r_{B3} = \left\{ \begin{array}{l} 0.30, \ 0.38, \ 0.28, \ 0.04, \ 0.00 \\ 0.28, \ 0.28, \ 0.26, \ 0.14, \ 0.04 \\ 0.20, \ 0.24, \ 0.36, \ 0.16, \ 0.04 \end{array} \right.$$

$$r_{B4} = \begin{cases} 0.16, \ 0.24, \ 0.42, \ 0.14, \ 0.04 \\ 0.20, \ 0.26, \ 0.40, \ 0.12, \ 0.02 \\ 0.32, \ 0.28, \ 0.26, \ 0.14, \ 0.00 \\ 0.18, \ 0.26, \ 0.30, \ 0.40, \ 0.06 \end{cases}$$

（2）确定权向量

根据层次分析法确定的各级指标相对于上一级指标的权向量为：

$A_{B1} = (0.2857, \ 0.5714, \ 0.1429)$，

$A_{B1} = (0.25, \ 0.75)$，

$A_{B1} = (0.3196, \ 0.5584, \ 0.122)$，

$A_{B1} = (0.5596, \ 0.0955, \ 0.2495, \ 0.0955)$。

（3）合成评价结果向量

计算过程与结果如下：

$$B_{B1} = A_{B1} \circ r_{B1} = (0.2857, \ 0.5714, \ 0.1429) \circ \begin{cases} 0.04, 0.26, 0.40, 0.22, 0.08 \\ 0.32, 0.44, 0.14, 0.10, 0.00 \\ 0.28, 0.50, 0.12, 0.08, 0.02 \end{cases}$$

$$= (0.2343, \ 0.3972, \ 0.2114, \ 0.1314, \ 0.0257)$$

$$B_{B2} = A_{B2} \circ r_{B2} = (0.25, \ 0.75) \circ \begin{cases} 0.16, 0.34, 0.26, 0.16, 0.08 \\ 0.24, 0.36, 0.18, 0.16, 0.06 \end{cases}$$

$$= (0.22, \ 0.355, \ 0.20, \ 0.16, \ 0.065)$$

$$B_{B3} = A_{B3} \circ r_{B3} = (0.3196, \ 0.5584, \ 0.122) \circ \begin{cases} 0.30, 0.38, 0.28, 0.04, 0.00 \\ 0.28, 0.28, 0.26, 0.14, 0.04 \\ 0.20, 0.24, 0.36, 0.16, 0.04 \end{cases}$$

$$= (0.2766, \ 0.3071, \ 0.2786, \ 0.1105, \ 0.0272)$$

$$B_{B4} = A_{B4} \circ r_{B4} = (0.5596, \ 0.0955, \ 0.2495, \ 0.0955) \circ \begin{cases} 0.16, 0.24, 0.42, 0.14, 0.04 \\ 0.20, 0.26, 0.40, 0.12, 0.02 \\ 0.32, 0.28, 0.26, 0.14, 0.00 \\ 0.18, 0.26, 0.30, 0.40, 0.06 \end{cases}$$

$$= (0.2057, \ 0.2538, \ 0.3668, \ 0.1629, \ 0.03)$$

由于上述计算过程已经过归一化处理,因此不必再进行归一化。按照最大隶属度原则,"学生满意率"以 0.3972 的概率处于绩效评价好的水平；"学生心理与人格"以 0.355 的概率处于绩效评价好的水平；"学生足球技能"以 0.3071 的概率处于绩效评价好的水平；"学生体质健康测试"以 0.3668 的概率处于绩效评价一般的水平。

同理,$B_{B5} = (0.3548,0.3388,0.2319,0.0707,0.0038)$,"足球教学课程开设"以 0.3548的概率处于绩效评价很好的水平。

$B_{B6} = (0.26,0.32,0.37,0.065,0.015)$,"校园足球文化建设"以 0.37 的概率处于绩效评价一般的水平。

$B_{B7} = (0.3933,0.2733,0.2267,0.0933,0.0133)$,"足球课外训练与活动"以 0.3933 的概率处于绩效评价很好的水平。

$B_{B8} = (0.0416,0.2260,0.3215,0.3274,0.0834)$,"师资情况"以 0.3274 的概率处于绩效评价差的水平。

$B_{B9} = (0.20,0.28,0.3733,0.1267,0.02)$,"教师培养"以 0.3733 的概率处于绩效评价一般的水平。

$B_{B10} = (0.1541,0.2821,0.339,0.1567,0.0681)$,"教师考核与激励"以 0.339 的概率处于绩效评价一般的水平。

$B_{B11} = (0.3858,0.3382,0.2515,0.0086,0.00)$,"目标与规划"以 0.3858 的概率处于绩效评价很好的水平。

$B_{B12} = (0.2682,0.3155,0.2929,0.0863,0.2253)$,"特色学校管理"以 0.3155 的概率处于绩效评价好的水平。

$B_{B13} = (0.11,0.27,0.41,0.155,0.055)$,"自我评价和改进"以 0.41 的概率处于绩效评价一般的水平。

$B_{B14} = (0.098,0.28,0.384,0.18,0.04)$,"资源配置"以 0.384 的概率处于绩效评价一般的水平。

$B_{B15} = (0.1667,0.3067,0.38,0.1267,0.02)$,"社会交流"以 0.38 的概率处于绩效评价一般的水平。

$B_{B16} = (0.108,0.272,0.396,0.16,0.064)$,"校队建设"以 0.396 的概率处于绩效评价一般的水平。

$B_{B17} = (0.3,0.32,0.26,0.1,0.02)$,"训练开展"以 0.32 的概率处于绩效评价好的水平。

$B_{B18} = (0.2067,0.1933,0.3933,0.1667,0.04)$,"赛事组织"以 0.3933 的概率处于绩效评价一般的水平。

$B_{B19} = (0.25,0.35,0.33,0.06,0.01)$,"竞赛交流"以 0.35 的概率处于绩效评价好的水平。

$B_{B20} = (0.275,0.35,0.33,0.04,0.005)$,"训练成效"以 0.35 的概率处于绩效评价好的水平。

$B_{B21} = (0.06,0.1867,0.4267,0.26,0.0667)$,"奖励与保障"以 0.4267 的概率处于绩

效评价一般的水平。

3. 二级评价

一级指标"学生发展"的二级指标模糊综合评判集合构成了该子集的二级评价矩阵：

$$r_{A1} = \begin{cases} 0.2133, 0.4000, 0.2200, 0.1333, 0.0333 \\ 0.2000, 0.3500, 0.2200, 0.1600, 0.0700 \\ 0.2600, 0.3267, 0.2733, 0.0933, 0.0267 \\ 0.2150, 0.2600, 0.3450, 0.1500, 0.0300 \end{cases}$$

一级指标"学生发展"的权向量为 $A_{A1} = (0.2735, 0.1261, 0.3374, 0.2631)$，对其进行二级评价：

$$B_{A1} = A_{A1} \circ r_{A1} = (0.2735, 0.1261, 0.3374, 0.2631)$$

$$\begin{cases} 0.2133, 0.4000, 0.2200, 0.1333, 0.0333 \\ 0.2000, 0.3500, 0.2200, 0.1600, 0.0700 \\ 0.2600, 0.3267, 0.2733, 0.0933, 0.0267 \\ 0.2150, 0.2600, 0.3450, 0.1500, 0.0300 \end{cases}$$

$$= (0.2279, 0.3142, 0.2709, 0.1276, 0.0348)$$

一级指标"学生发展"以 0.3142 的概率处于绩效评价好的水平。

同理，对一级指标"教育教学"进行二级评价：

$B_{A2} = (0.353, 0.3027, 0.2472, 0.0875, 0.0128)$，一级指标"教育教学"以 0.353 的概率处于绩效评价很好的水平。

对一级指标"教师队伍"进行二级评价：

$B_{A3} = (0.1109, 0.2568, 0.3397, 0.2283, 0.0643)$，一级指标"教师队伍"以 0.3397 的概率处于绩效评价一般的水平。

对一级指标"组织领导"进行二级评价：

$B_{A4} = (0.281, 0.3252, 0.3056, 0.0727, 0.0183)$，一级指标"组织领导"以 0.3252 的概率处于绩效评价好的水平。

对一级指标"训练与竞赛"进行二级评价：

$B_{A5} = (0.239, 0.2958, 0.3241, 0.1162, 0.025)$，一级指标"训练与竞赛"以 0.3241 的概率处于绩效评价一般的水平。

4. 三级评价

各项一级指标模糊综合评判集合构成三级评价矩阵，可得出最终的评价结果为：

$$B = A \circ B = (0.4537, 0.2074, 0.1686, 0.0904, 0.0798)$$

$$\begin{cases} 0.2233, 0.3267, 0.2750, 0.1383, 0.0367 \\ 0.3375, 0.3125, 0.2575, 0.0850, 0.0125 \\ 0.1275, 0.2600, 0.3475, 0.2050, 0.0600 \\ 0.2300, 0.3114, 0.3286, 0.1043, 0.0271 \\ 0.2117, 0.2933, 0.3367, 0.1283, 0.0300 \end{cases}$$

$$= (0.2305, 0.3134, 0.2933, 0.1346, 0.0342)$$

按照最大隶属度原则,蚌埠市校园足球绩效评价目前以 0.3134 的概率处于绩效评价好的水平。

5. 评价结果与分析

根据模糊综合评价的计算结果显示,蚌埠市校园足球目前处于绩效评价好的水平,其隶属于"好"的程度为0.3134,并且刚从一般往好的方向发展,这是因为其隶属于"一般"的等级程度也达到了0.2933。说明通过近几年校园足球的广泛开展,其影响力不断扩大,参与的学校和人数不断增加,各项赛事也不断完善。但在目前的活动开展中,还存在一些问题,如场地受限、师资不足、未形成连贯性培养机制,这是导致蚌埠市绩效评价水平以"好"和"一般"为主的重要原因。

学生发展处于绩效评价好的水平,其隶属于"好"的程度为0.3142。二级指标中"学生满意率""学生心理与人格""学生足球技能"的绩效评价等级均处于好的水平,说明蚌埠市的校园足球活动开展以学生发展为主,目前取得了良好的成效,并且"学生满意率""学生心理与人格"两项二级指标隶属度第二高的为"很好"。另外"学生体质健康测试"处于绩效评价的一般水平,但从隶属情况发现处于好和极好水平都在0.2以上,说明蚌埠市当前随着校园足球的开展,对学生体质健康状况已经起到了一定的改善作用。

教育教学以0.353的概率处于绩效评价很好的水平。其中"足球教学课程开设"和"足球课外训练与活动"均处于绩效评价很好的水平,但是"校园足球文化建设"却处于绩效评价一般的水平,因此蚌埠市在今后开展校园足球教育教学活动时,需要着重对校园足球文化进行建设,以打造浓厚的校园文化来推进校园足球活动的整体开展。

教师队伍处于绩效评价一般的水平,并且分布在好和差中的隶属率分别为 0.2568 和 0.2283,这说明无论在师资情况还是对教师的培养、考核与激励上,都是蚌埠市校园足球发展中严重不足的一个环节,与前面分析的蚌埠市存在师资不足的情况相对应。

组织领导以0.3252 的概率处于绩效评价好的水平,隶属率排在第二和第三的分别是一般和很好,说明蚌埠市在校园足球的大力开展中,领导的重视与活动的组织正在随着校园足球的进行而正在朝好的方向发展。但其内部的 5 个二级指标中,有三个方面的评价情况为一般,因此在组织领导这一环节上依旧是蚌埠市开展校园足球活动中急需改进的地方。

训练与竞赛以 0.3241 的概率处于绩效评价一般的水平,而主要问题是因为连贯性培养机制尚未形成,许多学生在升学后没有去到足球特色学校导致升学后技能荒废。在"校队建设""赛事组织"和"奖励与保障"三个环节上,蚌埠市还处在一般的水平,今后需要让更多的学校参与到校园足球活动中来,以解决当前开展的各种存在的问题。

综上所述,通过模糊综合评价使用基于"全面质量管理"的校园足球绩效评价指标体系对蚌埠市进行绩效评价,反映出在校园足球的开展中,还存在"学生体质健康测试""校园足球文化建设""师资情况""教师培养""教师考核与激励""自我评价和改进""资源配置""社会交流""校队建设""赛事组织"和"奖励与保障"11 个方面存在一定的问题。

七、南部地区校园足球绩效评价的实证性分析——以广东省深圳市为例

(一)广东省深圳市校园足球发展概况

深圳市地处中国华南地区、广东南部、珠江口东岸,是广东省下辖的副省级市、计划单列市、超大城市,国务院批复确定的中国经济特区、全国性经济中心城市和国际化城市,也是粤港澳大湾区四大中心城市之一。深圳市现有普通中小学 789 所,在校生 162 万。2017 年 9 月,深圳市正式被命名为"全国青少年校园足球改革试验区"后,以此为契机,认真实施教育部和省厅关于青少年校园足球改革发展的意见,牢固树立"小足球,大教育"观念,大力推动校园足球运动普及,引领学校体育改革创新。全市各学校校园足球逐渐普及,足球教学改革更加深入,竞赛体系更加完善,条件保障更加有力,并积极探索校园足球工作的成功经验与做法,大面积提升我市中小学生体质健康水平。充分发挥全国青少年校园足球改革试验区的示范引领作用,为全国培育可复制、可推广、见效快的有益经验。

深圳在市委市政府的高度重视和支持下,全市教育系统积极落实党中央、国务院关于校园足球整体战略部署,高度重视发展校园足球,准确把握校园足球定位,充分发挥校园足球的独特育人功能,把发展校园足球作为加快推进健康中国建设,落实教育立德树人工程和全面推进学校体育综合改革的探路工程。贯彻"教学是基础、竞赛是关键、体制机制是保障、育人是根本"的发展思路,大力普及发展校园足球,不断扩大校园足球运动规模,提升青少年学生综合素养,并将发展校园足球作为学校体育改革的着力点和突破口,引领学校体育改革创新。在几年的建设中,主要特色做法与经验如下:

1. 高度重视校园足球,加快推进试验区建设

深圳市高度重视校园足球工作。2016 年 9 月颁布实施《深圳市足球振兴行动计划(2016—2020 年)》。2017 年 9 月,全国校园足球领导小组办公室批准深圳设立全国青少年校园足球改革试验区。2017 年 11 月,深圳市政府与教育部签订校园足球改革备忘录,市委、市政府主要领导就试验区建设做出专门批示,要求全市教育系统坚持立德树人的根本任务,

准确把握校园足球定位,充分发挥校园足球的独特育人功能,大力推动校园足球运动普及。政府部门在财政投入、足球特长招生等方面予以全力支持和保障。2019年引进了世界著名拜仁慕尼黑足球俱乐部青训体系,高标准建设具有深圳特色的足球特色学校。

2. 创新校园足球竞赛体系,促进全员参与和普及

从常规入手,开足开齐足球课,将校园足球作为"校园体育一小时"重点内容列入教学计划,与体育课教学内容相衔接。同时,开展在小学、初中、高中校园足球三级联赛的基础上,发展校园足球班级联赛,完善校内足球竞赛体系。

(1)校内搭建多形式的竞赛体系

不仅有全校所有班级参加的班级联赛,也有全体学生参与的以单项足球技能比赛为主的嘉年华或校园吉尼斯比赛,如颠球、绕杆、射门、踢远、运球接力等比赛。部分确实没有足球场地的学校,也可以开展校内单项足球技能比赛。与此配套,还有足球宝贝啦啦操比赛、足球解说、足球摄影、足球征文、演讲、足球漫画比赛等。

(2)校外创新开展校园足球班级联赛

包括校级比赛、区级比赛和市级比赛。校级比赛就是各个学校每年组织开展班级之间的联赛,每个班级参与比赛的场次每年不少于10场;区级比赛是本行政区内各学校班级联赛中脱颖而出的各年级冠军队参加的比赛;市级比赛是各区按照一定名额派出各年级优胜班级代表队参加的比赛。市级校园足球班级联赛已经连续举办了两年。无论是在校级比赛,还是区级和市级比赛中各参赛队的队员均来自一个班级,学籍同属一个班,平时上课也在一个班,不允许跨班联合组队,为全体学生参与校园足球身体练习提供了机会和平台。首届的2015—2016学年度全市共有200多所学校开展了班级联赛,30多万中小学生直接参与校园足球单项技能比赛等活动。到了2017—2018学年,全市有300多所中小学校开展了班级联赛,近60万中小学生直接参与校园足球单项技能比赛等活动,参赛学生的规模得到迅猛的扩展,掀起了校园足球运动的热潮。

3. 以足球活动为载体,落实过程育人目标

充分发挥校园足球在培养学生遵规守纪、公平竞争意识、体育精神、养成良好行为习惯等方面所具有的独特育人功能。深圳市各级校园足球活动许多细节令人感动。例如,比赛时,替补席上孩子们的书包、水瓶摆放得整整齐齐,离开时,没有留下一片垃圾;每场比赛结束时,小运动员们手拉手先向对方教练员鞠躬致意,再向观众席、裁判员鞠躬致谢,最后向自己的教练员鞠躬并深情拥抱;市级校园足球班级联赛颁奖仪式结束后,近千人的场地没有一片纸屑,没有一块垃圾,所有的空矿泉水瓶整整齐齐摆在场地的一角。这些都体现了孩子们良好的人文素养和精神风貌。还坚持把诚信教育渗透到每个细节中,在市级校园足球班级联赛每场比赛开赛前,双方队长都需要交换《深圳市校园足球班级联赛公平竞赛诚信承诺书》,承诺所有队员来自同一个教学班级,并将参赛队员名单进行公示。此项活动的开展,很有创意,也很有教育效果,在近两年的市区两级班级联赛中未出现任何一支球队弄虚作假的现象。在足球活动中,实现了活动育人的目的。

4.创建校园足球特色学校,发挥示范引领作用

积极创建全国和省、市校园足球特色(推广)学校。认真做好全国校园足球特色学校的管理和建设,加大支持力度,加快市级校园足球特色学校的建设。市级统筹区域和学校类型,按高中、初中和小学 1∶3∶6 的基本比例合理匹配,适当向寄宿制学校和九年一贯制学校倾斜,到 2022 年计划遴选出 400 所市级特色学校。鼓励各区按照《全国青少年校园足球试点县(区)标准》,做好整体谋划和布局,并依据《全国校园足球特色学校基本标准(试行)》,开展本区校园足球特色学校建设工作,形成建设梯队。截至目前,已有 108 所中小学被教育部命名为"全国青少年校园足球特色学校",约占 13.7%;福田区、罗湖区分别被评为全国、省级足球改革试点区,罗湖和宝安被评为"满天星"训练营。另有 73 所中小学被命名为省级校园足球推广学校,约占 9.2%。在此基础上,深圳市还率先开展了市级校园足球特色学校评选,2016 年遴选市级校园足球特色学校 100 所,2017 年增加到 200 所,2018 年达到 283 所,2020 年达到 350 所。同时,积极鼓励各区开展区级校园足球特色学校建设工作,形成建设梯队和特色。

市财政对全国和市级校园足球特色学校分别予以每年 20 万元和 10 万元专项经费支持,专款专用开展校园足球活动。2020 年一年经费支持将达到 5000 万元。通过特色学校遴选,积极推动校园足球的普及,形成一批校园足球教育教学工作引领示范的典型,推动广大中小学全面普及校园足球。

5.创新人才培养模式,梯队建设成效初显

(1)完善了足球特长生招生政策

拓宽足球人才培养渠道,制订有利于足球人才成长的招生政策,完善小学、初中、高中足球运动员升学招生办法,全国校园足球特色学校可以根据组建学校足球队的需要,单列计划跨学区、降低分数线招收各年龄段足球特长生。根据高校高水平运动队和体育专业招生政策,建立以足球为特色的学生运动员培养模式。制订足球特长生认定标准和管理制度,特长生招生市局既严格监管,出台了相应监管制度,又充分赋权给学校,让学校有相应的自主权,招到心仪的特长生。将小学、初中、高中足球特长生招生计划单列,允许足球特长生在入学时跨学区流动。

(2)坚持普及与提高相互衔接和融合

通过普、提高的衔接融合促进校园足球人才培养和运动水平提升。一方面,深圳市学校代表队在国际和国内校园足球比赛中争金夺银:深圳实验学校足球队先后两次分别获2015 年 U15 和 2017 年 U14 全国青少年男子足球锦标赛冠军,该校高中足球队还获得 2016年广东省"省长杯"校园足球赛冠军、2017—2018 年度闽粤港澳埠际学界足球锦标赛冠军;翠园中学足球队先后获得 2015 年、2016 年全国高中足球联赛冠军和亚军,获 2015 年亚洲中学生足球锦标赛第四名,2018 年广东省传统项目足球锦标赛第一名;园岭小学获 2015 年"达

能世界杯"全国冠军、2017 年获得全国青少年校园足球赛亚军;深圳中学、育才二中、育才一小男子足球队和新安中学女子足球队也先后获全国校园足球比赛冠军等。积极组织优秀运动员参加区级、市级、省级和国家级"满天星"精英训练营。另一方面,通过普及和发展足球,充分发挥职业足球俱乐部、足球学校、体育运动学校在人才培养方面的积极作用,建立教育、体育和社会相互衔接的人才输送渠道,为有足球天赋和发展潜力的青少年创造优质文化教育和高水平专项训练指导平台,为足球运动的发展奠定坚实的人才基础,为山东鲁能、广州恒大、深圳佳兆业等职业球队、各高校输送了一大批足球人才和苗子,真正推动了校园足球持续发展。

6. 以校园足球为突破口,推动学校体育改革发展

坚持顶层设计,整体谋划,将校园足球作为落实立德树人的重要途径和推动学校体育改革的突破口及重要抓手,纳入学校体育的整体工作进行全面布局。不搞形式主义和花架子,从常规工作入手,扎扎实实抓好学校体育课与课外锻炼,开足开齐足球课,科学安排体育课内容,保证练习密度和运动强度,让每个学生都得到充分锻炼,加强校园足球等重点项目的技能教学,注重运动兴趣和技能培养,使学生学会至少两项终身受益的体育锻炼项目,切实提高体育课教学质量;将校园足球作为"校园体育一小时"重点内容列入教学计划,与体育课教学内容相衔接,实行"校园体育一小时"飞行检查制度,切实保证学生每天"校园体育一小时"落到实处。将校园足球的经验推广到校园篮球、排球、乒乓球和啦啦操等项目中。全市中小学校常年开展面向全体学生参加的校内竞赛活动,常年举办校园足球班级联赛及各类单项技能比赛,形成"人人有爱好、班班有项目、校校有特色"的学校体育格局。

此外,在开展校园足球的工作中,还遵循标准的指导,按质按量做好各项工作,领导各司其职,加强校园足球组织管理。借改革试验区的东风,建立以政府分管领导牵头,教育、体育、发改委、财委、团市委等多部门共同参加的深圳市全国青少年校园足球改革试验区工作领导小组,具体指导校园足球工作,形成齐抓共管的运行机制和校园足球联席会议制度,负责全市校园足球的日常管理工作。教育行政部门负责统筹规划、综合管理,牵头推进实施校园足球工作;体育专业部门提供技术指导、行业支持等相关服务;发展改革部门负责统筹场地设施规划与实施;财政部门负责制定推动校园足球工作的相关经费支持;宣传部门加大宣传支持力度,积极宣传校园足球的发展动态,营造校园足球发展的生态环境;共青团系统负责组织或者参与开展校园足球文化活动,把校园足球项目纳入共青团日常工作的活动内容。教育督导部门要将校园足球纳入教育督导指标体系,加强督导检查。各校开展校园足球工作要实行校长负责制,成立学校校园足球工作领导小组。

坚持课内外结合,提升足球课堂教学水平。建立校园足球专家资源库,指导完善校园足球教学和评价体系,建立健全足球课堂教学质量监测机制,加强教学质量监测。各级各类学校都将足球作为体育课堂教学的主要内容之一,校园足球特色学校每周最少开设一节足球

课。坚持课内外结合,各级各类学校都将课堂教学与全员参与的足球颠球、过竿、射门、踢远等单项技能比赛相衔接,提高体育课堂教学效果和学生课外锻炼的积极性,培养学生足球运动的兴趣和技能,使足球成为学生终身受益的体育锻炼项目。

完善竞赛体系,深入推广普及校园足球。广泛开展多样化的足球竞赛活动,形成稳定规范的赛制,构建包括校内竞赛、校际联赛、各区选拔赛和市级总决赛四级深圳校园足球竞赛体系。校内竞赛是各校以班级、年级为参赛单位,在校内开展的竞赛活动,是推动校园足球普及的重要抓手,也是青少年学生广泛参与足球活动的基础。在继续办好各个学校代表队参加的小学、初中、高中校园足球三级联赛的基础上,以推动足球运动普及为目标,积极发展校园足球班级联赛,建立和完善全员参与的校内足球竞赛体系。各级各类学校每年举行全体学生参与、以单项足球技能比赛为主的"嘉年华"或校园吉尼斯之类的比赛,每年组织开展班级足球联赛,每个班级参与比赛的场次每年不少于 10 场,建立并完善我市校级、区级和市级校园足球班级联赛的竞赛体系。

丰富活动内容,加强校园足球文化建设。开展校园足球普及教育活动,各校设立校园足球文化节,加强足球知识和足球文化教育,培育发展学生核心素养。开展各级校园足球活动的新闻宣传推广,提高全社会的关注度与参与度,营造浓厚的校园足球文化氛围,搭建青少年足球运动对外交流竞技平台,树立改革试验区校园足球品牌形象。深圳市局发文要求各级各类学校必须要组织全员参与的校园足球嘉年华活动,如举办足球单项技能比赛、校园足球吉尼斯、足球节、足球亲子活动、足球名人进校园等主题活动,营造浓郁的校园足球文化氛围。通过学校网站、宣传栏、校报、微信公众号等平台全面宣传校园足球工作,创办校园足球期刊、校刊、专刊,加强宣传引导,在校园内外掀起爱足球、看足球、踢足球的热潮。

有效整合资源,切实提升足球教师素质。制定校园足球教师培训计划,结合实际开展多种方式的教师培训。组织开展足球教师教学竞赛、经验交流和教研活动,着力提升足球教师教学实践能力和综合职业素养。聘请国内外高水平足球专家培训校园足球教师、教练员、裁判员。多渠道配备师资,采取多种方式,配齐配强校园足球教师。制订校园足球兼职教师管理办法,鼓励专业能力强、思想作风好的足球教练员、裁判员,有足球特长的其他学科教师和志愿人员担任兼职足球教师。建立校园足球教师专业考级培训制度,逐年分期对学校体育教师分类、分层次进行不同等级的足球精准系统培训,并颁发等级证书,努力提高学校体育教师足球专项的执教能力和水平。完善政策措施,创新用人机制,为退役运动员转岗为足球教师或兼职足球教学创造条件。建立教师长期从事足球教学的激励机制。选派部分优秀青少年校园足球工作管理人员、教师、教练员、裁判员到国外参加专业培训和交流活动。鼓励通过购买服务、公开招标等形式,聘请高水平、有资质、符合从教资格的社会体育技能人才、退役优秀运动员、专业机构或团队,按照有关规定开展足球运动训练指导、"校园体育一小时"足球活动、四点半活动等。

改善设施条件,加大经费支持力度。加大对校园足球的投入,统筹相关经费渠道对校园足球改革发展给予倾斜。探索建立政府支持、市场参与、多方筹措支持校园足球发展的经费投入机制。优化教育投入结构,积极创造条件,因地制宜逐步提高校园足球特色学校经费保障水平,支持学校开展足球教学、普及、训练和比赛。加快场地设施改造建设,把校园足球活动的场地建设纳入本行政区域足球场地建设规划,加大场地设施建设力度,创造条件满足校园足球活动要求。鼓励建设小型多样化足球场地设施,在现有青少年培养、实践基地建设中,规划和建设好足球场地设施。在学校体育场馆向社会开放的基础上,推动社会体育场地设施向学校分时段开放,形成了教育与体育、学校与社会、学区与社区共建共享场地设施的有效机制。

完善安全保障体系,健全师生学校参与足球激励机制。在安全保障上加强校园足球运动伤害风险预防管理,制定安全防范规章制度,加强运动安全教育、检查和管理,增强学生的运动安全和自我保护意识。在购买中小学校校方责任保险和学生意外伤害保险的基础上,拟提高学生意外伤害保险的购买额度,正在探索购买"校园体育一小时"专项保险或设立深圳市校园体育活动风险防范保障基金。健全学校体育工作法律支持体系,建立体育锻炼及活动项目家长知情同意制度,发挥家长委员会对学校体育工作的支持监督作用。降低学校体育工作安全风险,提升校园足球安全保障水平,解除学校和体育教师的后顾之忧。在师生激励机制上建立足球教师激励机制。通过组织教师课外足球活动、课余足球训练折算成课时计入工作量计入教师绩效工资等方式,鼓励教师长期从事足球教学,不断提升业务能力。教师参加校园足球相关培训并经考核合格的,按相应培训学时计入教师继续教育学时。对在国家、省、市各级校园足球联赛中取得优异成绩的学校球队教练在评先树优、职务评聘时享受优惠政策。把足球学习情况纳入学生档案,作为学生综合素质评价的参考。加强足球特长生文化课教学管理,完善考试招生政策,激励学生长期积极参加足球学习和训练。合理规划安排区域内校园足球特色学校的布局,做好足球后备人才梯队衔接,为深圳市有足球特长的学生创设持续发展的通道。在学校激励机制上健全校园足球特色校考评机制。制定深圳市校园足球特色学校评价标准,定期考评,考评结果计入校长职级制考核。对活动开展不积极、成绩不突出的学校限时整改或予以摘牌,并对有关负责人问责;对活动普及面广、成效显著的学校给予奖励。

鼓励社会力量参与,大力发展校园足球。加大规划、政策、标准引导力度,多渠道调动社会力量支持校园足球发展的积极性,充分发挥职业足球俱乐部、足球学校、体育运动学校在人才培养方面的积极作用,鼓励有条件的体育俱乐部、企业及其他社会组织联合开展有利于校园足球发展的公益活动。

(二)广东省深圳市校园足球绩效综合评价

1.综合评价评判集的确定

根据评级的实施步骤和方法,共对深圳市发放单因素调查问卷34份,回收有效问卷30份,调查结果见表6-2所列。

表6-2　深圳市校园足球绩效评价单因素调查结果统计表

三级指标	各档评分人数				
	很好	好	一般	差	很差
C1 学生对学校体育设施的满意率	8	13	7	2	0
C2 学生对足球教学的满意率	13	7	7	3	0
C3 学生对校园足球活动开展的满意率	11	5	10	3	1
C4 学生自尊水平合格率	5	11	10	4	0
C5 学生心理健康率	6	12	7	4	1
C6 颠球	10	11	6	3	0
C7 往返运球	8	11	8	3	0
C8 踢准	8	10	9	3	0
C9 50米跑	6	10	10	4	0
C10 坐位体前屈	5	7	12	5	1
C11 一分钟跳绳	10	8	7	5	0
C12 一分钟仰卧起坐	8	15	4	3	0
C13 体育课程设置	14	9	5	2	0
C14 足球课程设置	15	11	3	1	0
C15 校本课程开发	8	13	5	4	0
C16 校园足球宣传与报道	11	8	7	3	1
C17 组织足球文化活动	13	7	6	3	1
C18 社团组织足球活动次数	10	8	6	5	1
C19 每周课余训练次数	14	10	5	1	0
C20 足球课外活动参与人数比	12	10	6	2	0
C21 体育教师数量	12	12	4	2	0
C22 足球专项教师数量	8	12	6	3	1
C23 外聘足球教练数量	6	13	7	4	0
C24 每年足球教师参与培训次数	10	10	7	3	0
C25 足球教师教练员等级情况	7	10	6	6	1
C26 体育教师考核	5	6	13	5	1
C27 教师激励	10	9	7	6	0
C28 教师待遇保障	18	6	4	2	0
C29 足球特色学校发展理念	15	9	6	0	0
C30 特色学校预期目标	13	8	7	2	0

三级指标	各档评分人数				
	很好	好	一般	差	很差
C31 足球阶段规划目标	14	9	6	1	0
C32 校内足球管理机构	10	9	7	3	1
C33 管理制度	14	6	8	2	0
C34 安全管理	15	7	5	3	0
C35 后勤服务	8	10	8	3	1
C36 自我评价	5	7	11	6	1
C37 自我改进	8	10	8	4	0
C38 体育经费投入	13	10	6	1	0
C39 体育场地、器械使用率	9	10	6	4	1
C40 足球场地设施建设	6	12	9	3	0
C41 家校沟通	7	8	11	4	0
C42 与社会(社区)的联系	8	12	5	2	0
C43 人才选拔规章制度	7	11	9	3	0
C44 成立各级足球队数量	10	9	9	2	0
C45 学年组织训练频率	10	12	6	2	0
C46 训练计划完善程度	7	11	8	4	0
C47 开设校内足球联赛次数与规模	9	8	7	5	1
C48 比赛参与人数比	12	9	7	2	0
C49 每年校际比赛交流次数	9	9	8	4	0
C50 各级联赛参与次数	10	8	7	4	1
C51 年度获奖情况	14	10	6	0	0
C52 人才培养与输送	10	9	8	3	0
C53 各级足球队队奖惩措施	3	7	12	6	2
C54 校园足球参与安全保障	8	10	7	5	0

2. 评价结果与分析

在对深圳市校园足球绩效进行模糊综合评价时依旧按照一级、二级、三级对各级指标依次进行评价,其评价结果如表6-3所示。

表 6 - 3　深圳市校园足球绩效模糊综合评级结果统计表

评价过程	指标名称	隶属率				
		很好	好	一般	差	很差
一级评价	B1 学生满意率	0.3762	0.281	0.2476	0.0905	0.0048
	B2 学生心理与人格	0.1917	0.3917	0.2583	0.1333	0.025
	B3 学生足球技能	0.288	0.3626	0.2494	0.1	0
	B4 学生体质健康测	0.2365	0.3231	0.2957	0.1417	0.0032
	B5 足球教学课程开设	0.4559	0.3294	0.15	0.0647	0
	B6 校园足球文化建设	0.3833	0.2583	0.225	0.1	0.0333
	B7 足球课外训练与活动	0.3999	0.3111	0.1888	0.0889	0.0111
	B8 师资情况	0.2857	0.4044	0.1905	0.0974	0.022
	B9 教师培养	0.3	0.3333	0.2222	0.1333	0.0111
	B10 教师考核与激励	0.287	0.2297	0.3429	0.1602	0.018
	B11 目标与规划	0.4667	0.2857	0.2143	0.0333	0
	B12 特色学校管理	0.4117	0.2616	0.2173	0.0944	0.015
	B13 自我评价与改进	0.1917	0.2583	0.3417	0.1833	0.025
	B14 资源配置	0.2667	0.3733	0.26	0.0933	0.0067
	B15 社会交流	0.2444	0.3111	0.3	0.1111	0
	B16 校队建设	0.2533	0.3533	0.3	0.0933	0
	B17 训练开展	0.2833	0.3833	0.2333	0.1	0
	B18 赛事组织	0.3333	0.2778	0.2333	0.1333	0.0222
	B19 竞赛交流	0.3167	0.2833	0.25	0.1333	0.0167
	B20 训练成效	0.3667	0.3083	0.25	0.075	0
	B21 奖惩与保障	0.2111	0.3	0.2889	0.1778	0.0222
二级评价	A1 学生发展	0.2814	0.332	0.2672	0.1121	0.0073
	A2 教育教学	0.4033	0.3176	0.1802	0.0874	0.0114
	A3 教师队伍	0.3111	0.3456	0.2165	0.1214	0.012
	A4 组织领导	0.3906	0.2965	0.2308	0.0706	0.0072
	A5 训练与竞赛	0.3343	0.3247	0.2483	0.1051	0.0087
三级评价	深圳市校园足球绩效评价	0.3161	0.3241	0.2403	0.1099	0.0102

从表 6 - 3 的模糊综合评价的计算结果显示,根据最大隶属度原则,深圳市校园足球目前处于绩效评价好的水平,其隶属于"好"的程度为 0.3241,并且有极大的潜力朝很好的方向发展,这是因为其隶属于"很好"的等级程度也达到了 0.3161。通过近年来深圳市从上到

下对校园足球的重视,加上自身经济方面的优势和吸引力,深圳市的校园足球不仅仅得到了良好的发展,还朝着独具一格的特色方向发展。不过,通过模糊综合评价使用基于"全面质量管理"的校园足球绩效评价指标体系对深圳市进行绩效评价,反映出在校园足球的开展中,还存在"教师考核与激励""自我评价和改进"等方面的问题。

学生发展处于绩效评价好的水平,其隶属于"好"的程度为0.332。4个二级指标均在"好"等级以上,其中"学生满意率"以0.3762的概率处在细小评价很好的水平上。说明深圳市在开展校园足球活动时,以为学生为本,重视学生的全面发展。

教育教学以0.4033的概率处于绩效评价很好的水平。并且其中的3项二级指标均处于绩效评价"很好"的水平上。另外训练与竞赛、组织领导也以0.3343、0.3906的概率处于绩效评价"很好"的水平,说明凭借从上至下的领导,良好的教学、训练与竞赛的氛围,是深圳市开展校园足球活动,服务学生发展的重要保障。但是在"自我评价和改进"方面有所欠缺,在将来的发展中需要着重改进。

教师队伍以0.3456的概率处在绩效评价"好"的水平。凭借着区位、经济等优势,深圳市在学校教师队伍建设方面达到了好的水平,但是在教师考核与激励上依旧发展不理想,未能给予教师一定的保障,对于教师质量的评价也做得比较欠缺。另外在师资情况和教师培养方面目前也"仅"处于好的水平,也是在今后的发展中不能落下的部分。

八、西部地区校园足球绩效评价的实证性分析——以甘肃省兰州市为例

(一)甘肃省兰州市校园足球发展概况

兰州,西部地区重要的中心城市,西北地区重要的工业基地和综合交通枢纽。兰州市现有中小学校699所,其中小学478所,在校学生24.51万人;初中148所,在校学生10.41万人;高中61所,在校学生6.21万人,职业中学12所,在校生0.50万人;全市义务教育入学率达到100%,高中阶段毛入学率达到99.70%。

2017年12月,教育部与兰州市政府在北京签署全国青少年校园足球改革试验区、试点(县)区改革发展备忘录,至此,兰州市成为全国12个校园足球改革试验区之一,也是西北唯一一个国家级校园足球改革试验区。

(二)甘肃省兰州市校园足球绩效综合评价

1. 综合评价评判集的确定

根据评级的实施步骤和方法,共对兰州市发放单因素调查问卷30份,回收有效问卷28份,调查结果见表6-4所列。

表6-4 兰州市校园足球绩效评价单因素调查结果统计表

三级指标	各档评分人数				
	很好	好	一般	差	很差
C1 学生对学校体育设施的满意率	5	10	7	4	2
C2 学生对足球教学的满意率	7	13	6	2	0
C3 学生对校园足球活动开展的满意率	8	11	6	3	0
C4 学生自尊水平合格率	4	5	13	4	2
C5 学生心理健康率	5	10	8	4	1
C6 颠球	8	11	7	2	0
C7 往返运球	8	11	6	3	0
C8 踢准	4	8	12	3	1
C9 50米跑	8	10	8	2	0
C10 坐位体前屈	6	9	9	4	0
C11 一分钟跳绳	7	11	8	2	0
C12 一分钟仰卧起坐	8	12	6	2	0
C13 体育课程设置	11	10	7	0	0
C14 足球课程设置	12	10	4	2	0
C15 校本课程开发	7	12	6	3	0
C16 校园足球宣传与报道	3	10	11	3	1
C17 组织足球文化活动	6	7	12	3	0
C18 社团组织足球活动次数	8	10	7	2	1
C19 每周课余训练次数	13	8	6	1	0
C20 足球课外活动参与人数比	10	9	7	2	0
C21 体育教师数量	14	8	5	1	0
C22 足球专项教师数量	6	8	9	5	0
C23 外聘足球教练数量	2	6	13	6	1
C24 每年足球教师参与培训次数	6	11	10	1	0
C25 足球教师教练员等级情况	5	8	12	3	0
C26 体育教师考核	4	7	12	3	2
C31 足球阶段规划目标	12	7	7	2	0
C27 教师激励	3	8	10	6	1
C28 教师待遇保障	5	10	10	3	0
C29 足球特色学校发展理念	11	11	5	1	0

三级指标	各档评分人数				
	很好	好	一般	差	很差
C30 特色学校预期目标	10	8	8	2	0
C32 校内足球管理机构	7	12	5	3	1
C33 管理制度	2	13	9	4	0
C34 安全管理	5	13	7	3	0
C35 后勤服务	0	13	10	4	1
C36 自我评价	3	11	10	4	0
C37 自我改进	6	11	9	2	0
C38 体育经费投入	5	9	12	2	0
C39 体育场地、器械使用率	5	11	7	4	1
C40 足球场地设施建设	3	12	10	5	0
C41 家校沟通	2	10	12	4	0
C42 与社会(社区)的联系	6	12	7	3	0
C43 人才选拔规章制度	7	13	6	2	0
C44 成立各级足球队数量	6	10	10	2	0
C45 学年组织训练频率	8	11	6	3	0
C46 训练计划完善程度	4	12	8	4	0
C47 开设校内足球联赛次数与规模	7	13	6	2	0
C48 比赛参与人数比	3	10	11	3	1
C49 每年校际比赛交流次数	5	11	10	2	0
C50 各级联赛参与次数	6	10	9	3	0
C51 年度获奖情况	6	12	7	3	0
C52 人才培养与输送	7	13	6	2	0
C53 各级足球队队奖惩措施	3	7	11	5	2
C54 校园足球参与安全保障	5	13	7	3	0

2. 评价结果与分析

在对兰州市校园足球绩效进行模糊综合评价时依旧按照一级、二级、三级对各级指标依次进行评价,其评价结果见表6-5所列。

表6-5　兰州市校园足球绩效模糊综合评级结果统计表

评价过程	指标名称	隶属率				
		很好	好	一般	差	很差
一级评价	B1 学生满意率	0.2347	0.4235	0.2245	0.0969	0.0204
	B2 学生心理与人格	0.1696	0.3125	0.3304	0.1429	0.0446
	B3 学生足球技能	0.2683	0.3798	0.2518	0.0957	0.0044
	B4 学生体质健康测	0.27	0.3695	0.2823	0.0783	0
	B5 足球教学课程开设	0.3882	0.364	0.2198	0.0281	0
	B6 校园足球文化建设	0.1339	0.3304	0.4018	0.1071	0.0268
	B7 足球课外训练与活动	0.369	0.3214	0.2381	0.0595	0.0119
	B8 师资情况	0.255	0.2764	0.3104	0.1535	0.0047
	B9 教师培养	0.2024	0.3571	0.381	0.0595	0
	B10 教师考核与激励	0.1381	0.2781	0.3957	0.139	0.0491
	B11 目标与规划	0.3827	0.3266	0.2347	0.0561	0
	B12 特色学校管理	0.1626	0.4525	0.2514	0.1174	0.016
	B13 自我评价与改进	0.1339	0.3929	0.3482	0.125	0
	B14 资源配置	0.1357	0.4	0.35	0.15	0.0071
	B15 社会交流	0.119	0.381	0.3691	0.131	0
	B16 校队建设	0.2429	0.4429	0.2429	0.0714	0
	B17 训练开展	0.2143	0.4107	0.25	0.125	0
	B18 赛事组织	0.2024	0.4286	0.2738	0.0833	0.0119
	B19 竞赛交流	0.1964	0.375	0.3393	0.0893	0
	B20 训练成效	0.2411	0.4554	0.2232	0.0804	0
	B21 奖惩与保障	0.1548	0.3829	0.2976	0.131	0.0238
二级评价	A1 学生发展	0.2338	0.3636	0.2824	0.1029	0.0173
	A2 教育教学	0.3315	0.3362	0.2557	0.0673	0.0093
	A3 教师队伍	0.2801	0.2852	0.3508	0.1312	0.017
	A4 组织领导	0.2476	0.3713	0.278	0.0862	0.0068
	A5 训练与竞赛	0.2027	0.4075	0.2785	0.1043	0.0069
三级评价	兰州市校园足球绩效评价	0.2377	0.3508	0.2964	0.1011	0.0144

根据模糊综合评价的计算结果显示,兰州市校园足球目前处于绩效评价好的水平,其隶属于"好"的程度为0.3508,但从各等级的隶属度中发现,排在第二的是一般,其隶

属度为0.2965。因此,兰州市目前校园足球的发展状况为好或一般,还有极大地待加强空间。

从二级评价来看,在"教师队伍"方面兰州市校园足球绩效评价以0.3508的概率处在一般的水平,其余四项一级指标均以大隶属度处在好的水平,并且一级指标"教育教学"有望突破到很好的水平。

从一级评价来看,大部分指标都处在绩效评价"好"的水平,并且二级指标"足球教学课程开设""足球课外训练活动"和"目标与规划",分别以0.3882、0.369、0.3827的概率处于绩效评价"很好"的水平。但是,还有5项指标还处在绩效评价"一般"的水平,反映出在校园足球的开展中,还存在"学生心理与人格""校园足球文化建设""师资情况""教师培养"和"教师考核与激励"5个方面存在一定的问题。鉴于兰州市的区位特点和实际情况,在资金上和东部城市相比肯定是较为欠缺的,并且在教师吸引力上也相对较弱,这便是导致兰州市在发展校园足球时,教师队伍成为最大的问题的原因。不仅如此,兰州市目前在学生心理与人格发展和学校足球文化氛围建设方面也相对欠缺,需要加大足球的宣传,同时以学生为中心,树立健康的心理与人格。

九、北部地区校园足球绩效评价的实证性分析——以北京市丰台区为例

(一)北京市丰台区校园足球发展概况

丰台区隶属于北京市,是北京主城六区之一,于2018年10月被教育部认定为全国青少年校园足球改革试验区。被评定为校园足球改革试验区后,落实《教育部等6部门关于加快发展青少年校园足球的实施意见》(教体艺〔2015〕6号)、教育部办公厅关于《全国青少年校园足球改革试验区基本要求(试行)》和《全国青少年校园足球试点县(区)基本要求(试行)》等文件的要求,探索完善青少年校园足球教学、课外活动、竞赛体系及师资培训等方面改革发展路径和经验,着力提升试验区校园足球工作的创新能力、建设能力和发展水平。

(二)北京市丰台区校园足球绩效综合评价

1.综合评价评判集的确定

根据评级的实施步骤和方法,共对丰台区发放单因素调查问卷25份,回收有效问卷20份,调查结果见表6-6所列。

表6-6　丰台区校园足球绩效评价单因素调查结果统计表

三级指标	各档评分人数				
	很好	好	一般	差	很差
C1 学生对学校体育设施的满意率	3	10	6	1	0
C2 学生对足球教学的满意率	7	7	6	0	0
C3 学生对校园足球活动开展的满意率	6	10	6	2	0
C4 学生自尊水平合格率	7	6	4	3	0
C5 学生心理健康率	6	8	4	2	0
C6 颠球	6	7	5	2	0
C7 往返运球	7	7	5	1	0
C8 踢准	4	7	7	2	0
C9 50 米跑	5	11	3	1	0
C10 坐位体前屈	3	9	6	2	0
C11 一分钟跳绳	8	7	5	0	0
C12 一分钟仰卧起坐	7	6	5	2	0
C13 体育课程设置	13	5	2	0	0
C14 足球课程设置	12	5	3	0	0
C15 校本课程开发	3	8	7	2	0
C16 校园足球宣传与报道	7	7	5	1	0
C17 组织足球文化活动	8	6	6	0	0
C18 社团组织足球活动次数	8	6	5	1	0
C19 每周课余训练次数	10	6	4	0	0
C20 足球课外活动参与人数比	7	8	4	1	0
C21 体育教师数量	6	7	6	1	0
C22 足球专项教师数量	5	6	7	2	0
C23 外聘足球教练数量	0	8	9	2	1
C24 每年足球教师参与培训次数	7	10	3	0	0
C25 足球教师教练员等级情况	6	8	6	0	0
C26 体育教师考核	3	6	8	3	0
C27 教师激励	8	6	4	2	0
C28 教师待遇保障	10	7	3	0	0
C29 足球特色学校发展理念	14	5	1	0	0
C30 特色学校预期目标	12	5	3	0	0
C31 足球阶段规划目标	12	4	4	0	0

三级指标	各档评分人数				
	很好	好	一般	差	很差
C32 校内足球管理机构	8	7	4	1	0
C33 管理制度	7	8	4	1	0
C34 安全管理	5	7	5	2	1
C35 后勤服务	5	5	6	3	1
C36 自我评价	6	6	5	3	0
C37 自我改进	4	6	7	3	0
C38 体育经费投入	0	11	6	3	0
C39 体育场地、器械使用率	9	6	5	0	0
C40 足球场地设施建设	10	7	3	0	0
C41 家校沟通	3	8	6	3	0
C42 与社会(社区)的联系	2	5	9	4	0
C43 人才选拔规章制度	6	9	3	2	0
C44 成立各级足球队数量	9	6	5	0	0
C45 学年组织训练频率	8	6	6	0	0
C46 训练计划完善程度	6	8	5	1	0
C47 开设校内足球联赛次数与规模	6	8	4	2	0
C48 比赛参与人数比	4	7	8	1	0
C49 每年校际比赛交流次数	5	8	4	2	1
C50 各级联赛参与次数	7	7	4	2	0
C51 年度获奖情况	6	9	5	0	0
C52 人才培养与输送	3	5	7	4	1
C53 各级足球队队奖惩措施	5	6	5	3	1
C54 校园足球参与安全保障	7	7	4	2	0

2. 评价结果与分析

在对丰台区校园足球绩效进行模糊综合评价时依旧按照一级、二级、三级对各级指标依次进行评价,其评价结果见表6-7所列。

表6-7 丰台区校园足球绩效模糊综合评级结果统计表

评价过程	指标名称	隶属率				
		很好	好	一般	差	很差
一级评价	B1 学生满意率	0.2857	0.4143	0.3	0.0286	0
	B2 学生心理与人格	0.3125	0.375	0.2	0.1125	0
	B3 学生足球技能	0.3157	0.35	0.2622	0.0721	0
	B4 学生体质健康测	0.2875	0.4667	0.1988	0.0471	0
	B5 足球教学课程开设	0.5899	0.2642	0.1363	0.0095	0
	B6 校园足球文化建设	0.3625	0.3375	0.2625	0.0375	0
	B7 足球课外训练与活动	0.4166	0.3333	0.2167	0.0333	0
	B8 师资情况	0.2276	0.3235	0.3527	0.0896	0.0066
	B9 教师培养	0.4143	0.4667	0.2	0	0
	B10 教师考核与激励	0.2814	0.3082	0.2998	0.1106	0
	B11 目标与规划	0.6429	0.2423	0.1143	0	0
	B12 特色学校管理	0.3161	0.3464	0.2311	0.0812	0.0252
	B13 自我评价与改进	0.275	0.3	0.275	0.15	0
	B14 资源配置	0.39	0.38	0.2	0.03	0
	B15 社会交流	0.1333	0.35	0.35	0.1667	0
	B16 校队建设	0.33	0.42	0.17	0.08	0
	B17 训练开展	0.35	0.35	0.275	0.025	0
	B18 赛事组织	0.2667	0.3833	0.2667	0.0833	0
	B19 竞赛交流	0.3	0.375	0.2	0.1	0.025
	B20 训练成效	0.1875	0.3	0.325	0.15	0.0375
	B21 奖惩与保障	0.3167	0.3333	0.2167	0.1167	0.0167
二级评价	A1 学生发展	0.2852	0.3938	0.2654	0.074	0
	A2 教育教学	0.4247	0.3221	0.2212	0.032	0
	A3 教师队伍	0.256	0.3564	0.3089	0.0697	0.009
	A4 组织领导	0.4323	0.2995	0.2067	0.0545	0.007
	A5 训练与竞赛	0.2973	0.3577	0.2645	0.0702	0.0104
三级评价	丰台区校园足球绩效评价	0.3213	0.3645	0.2542	0.0648	0.0027

　　根据模糊综合评价的计算结果显示,丰台校园足球目前处于绩效评价好的水平,其隶属于"好"的程度为0.3645,并且隶属于"很好"的程度为0.3213,体现出当前丰台区校园足球的发展情况较好,有像很好方向发展的趋势。

　　从二级评价来看,丰台区在"教育教学"和"组织领导"两个方面目前处于绩效评价"很好"的水平,其隶属度分别为 0.4247 和 0.4323,另外三个一级指标也均处于绩效评价"好"的水平。说明丰台区的校园足球发展目前没有明显的短板,但还是需要稳中求进、查漏补缺、全面发展,在健康发展校园足球的基础上树立特色,为其他地区提供借鉴。

从一级评价来看,大部分指标都处在绩效评价"好"的水平,并且二级指标"足球教学课程开设""校园足球文化建设""目标与规划""资源配置"和"训练开展",分别以 0.5899、0.3625、0.6429、0.39 和 0.35 的概率处于绩效评价"很好"的水平。其中,"足球教学课程开设"和"目标与规划"的隶属度更是超过了 0.5,以绝对的优势处在很好的发展水平上。相对发展较差的便是"训练开展",其隶属在很好和好的隶属度均为 0.35。但是,还有 2 项指标还处在绩效评价"一般"的水平,反映出在校园足球的开展中,还存在"师资情况""训练成效"两个方面存在一定的问题。并且由于"社会交流"其隶属于好和一般的概率均为 0.35,因此社会交流同样不能忽视。鉴于丰台区的区位特点和实际情况,在资金上相对去其他地区肯定是比较充裕的,并且在教师吸引力上也相对较枪,这便是丰台区校园足球发展较好的原因之一。但目前来看,尽管整体发展较好,但是还是需要运用好自身优势来弥补短板,持续发展。

十、中部地区校园足球绩效评价的实证性分析——以湖北省武汉市为例

(一)湖北省武汉市校园足球发展概况

武汉,别称"江城",地处江汉平原东部。武汉是中国重要的科研教育基地,截至 2014 年,在当地高等院校有 98 所;其中普通高校和本科院校数仅次于北京,居中国第二,教育部直属全国重点大学数量居全国第三, 在校大学生和研究生总数 107.26 万人 ,居世界第一。

2016 年,武汉市人大常委会新修订的《武汉市全民健身条例》就多处增加足球内容,其中第十一条明确规定,"学校应当组织学生开展校园足球等课外体育活动"。2017 年 9 月,武汉被全国校园足球领导小组命名为全国校园足球改革试点区以来,高度重视校园足球工作,将校园足球的发展作为学校体育工作的重点之一,纳入学校体育工作的长远规划之中,从建立各层级联赛机制入手,完善市、区、校三级校园足球竞赛组织工作,布局校园足球试点学校,建立班级、年级、学校等不同层面的足球队,使校园足球活动在全市中小学广泛开展。并加大对校园足球工作的关注和支持,深化校园足球特色学校建设,推动校园足球工作创新开展,促进学生身心健康发展,营造全社会关心、重视和支持足球人才培养的良好氛围,提升改革试验区校园足球工作的整体水平和质量。目前,全市布局市级校园足球试点学校 437 所,国家级校园足球特色学校 177 所,校园足球特色学校覆盖了全市所有区域和学段,占全市中小学校总数的近40%。这一布局规模是发展足球事业的坚实足球人口基座和最基础的竞训平台,更是促进青少年综合素质和身体健康发展的着力点。

继中央电视台《足球之夜》栏目对武汉青少年足球体系进行了专题报道后,2017 年 11

月,全国主流媒体聚焦武汉,再一次全面深入报道武汉市校园足球和青训模式,其主要特色做法如下:

1. 健全工作机制

在市足球改革发展工作领导小组的领导下,由市教育局牵头,市体育局和市足协共同参与联合推进落实《武汉市足球改革发展总体方案》中深化推进校园足球发展的相关内容,协调市体育局、市财政局、市人力资源社会保障局等部门积极支持校园足球改革发展工作;成立武汉市校园足球活动联合推进协调小组,负责制定全市校园足球年度工作计划并组织实施。

2. 提高普及水平

出台了对省、市级示范校布局校园足球学校的鼓励支持政策,在招生上给予相应的优惠政策,各新城区均有省级示范校布局为校园足球学校(足球试点校),中心城区校园足球学校(足球试点校)中有 2~3 所省级示范校。

全市布局的 437 所校园足球试点学校,做到"班级有球队、年级有比赛、学校有代表队",并将此作为校园足球学校(足球试点校)考核管理办法中的一票否决条件;市人民政府将参加市级校园足球联赛总决赛参赛队达到 150 所、参加区级足球联赛试点学校比率达 90% 以上列入政府以及目标。目前,该项目标正在着力实施。

利用假期开展免费足球培训活动。采用政府购买服务方式,按照全市范围内的适龄学生均可便利接受培训的原则建立足球培训点,通过培训使青少年掌握足球初步技术和进行竞赛基础培训,培养足球兴趣,传播足球文化。免费培训活动由市体育局和市教育局组织实施,市足协提供技术支持,市内主要媒体配合宣传。

3. 开展特色教学

市教育局以政府购买服务方式委托市足协组织武汉市青训和体育、师范类院校相关专家,依据《全国青少年校园足球教学指南(试行)》和《学生足球运动技能等级评定标准(试行)》,编撰武汉市中、小学校各年级足球教材,在全市校园足球学校中试点并逐步推广;义务教育阶段校园足球学校每周开设足球课程不少于 1 节,全市中小学广泛开设足球课程。

市教育局争取每月选择一个主题开展一次"足球启蒙进校园""足球明星进校园""精英教练进校园""足球器材进课堂""江城足球小将评选"等校园足球系列活动,提升校园课程质量。

4. 完善竞赛体系

市教育局、市体育局联合主办全市校园足球联赛、校园精英足球俱乐部联赛,市年度青少年足球赛等相互衔接,逐步提高的青少年比赛。全市校园足球联赛分校内班级足球赛—区级校际联赛—全市总决赛三个阶段,参赛队伍超过 5000 支;市校园精英足球俱乐部联赛在校园足球活动的基础上每年选拔 20 所优秀学校的校队分为甲、乙两级进行比赛,甲级联赛队伍采取主客场赛制,乙级联赛则在校园内采取分站式赛制进行,通过赛事激发学生对校队的热爱和集体荣誉感;市年度青少年足球赛作为市级年度青少年赛事的一项,以区为单位组队参赛,调动各区教育、体育行政部门的积极性。

启动女足校园足球联赛的筹备工作,选择女足项目开展较好的区作为试点,研究有针对性的赛制,逐步建立女足校园足球竞赛平台。

拓展品牌赛事,由市体育局、市教育局主办,市足协承办,调动社会力量参与足球的积极性,运营好晚报杯中小学生足球赛等品牌赛事,在每个暑期为热爱足球的中小学生提供组队参赛的平台。

协调职业足球俱乐部,每个主场向校园足球学校发放观赛门票,学校组织学员现场观看高水平足球赛事。

5. 畅通成长通道

政府出资购买青少年足球教练员岗位及青少年足球训练场地,在每个区设立不少于1个区级训练营,就近为有足球运动潜质、热爱足球运动的学生提供免费集训。市足协定期组织市级训练营的高水平专家团队赴区级训练营指导工作,为市级各年龄段足球队挑选苗子。

出台针对足球特长生的招生政策。义务教育阶段的校园足球特色学校,每年按学校招生计划5%的比率招收足球特长生,布局高中足球后备人才试点学校18所,每所学校每年安排10个左右足球特长生招生计划,足球特长生达到普高线75%分数就可以升入高中。做好市级训练营在训学生进入普通中小学读书的入学、学籍管理等工作,处理好训练比赛与日常教学之间的关系;协调在汉高校招收足球特长生、组成校队,为高校足球运动输送足球后备人才打通渠道;对球员的启蒙输送单位出台鼓励政策,帮助校园足球优秀后备人才输送到职业俱乐部、各级国家队。

开展“尚文之星”精英青训培训项目,由市教育局、市体育局、市足协和尚文体育公司合作,每年从市级青训中心运动员中选拔25名精英球员到巴塞罗那地方俱乐部青训中心接受为期五年的专业培训。疫情前在西班牙接受培训的精英运动员已达100名。此外,开展市级训练营项目,安排高水平外教对2004至20010七个年龄段的全市优秀运动员进行国际化培养。项目已向中国足协训练营、集训队及青少年国字号队伍输送球员共计42人。在2017年全国校足办通过夏令营选拔赴欧洲集训比赛的28名大名单中,有7名运动员名列其中,出国培训初见成效。在2018年各级青少年国字号球队中,武汉市有47名运动员入选。2019年全国校园足球评选中武汉市章凯老师获得全国校园足球优秀教练员、万松园路小学获得全国优秀校园足球特色学校、武汉市获得全国校园足球优秀改革试验区。从个人、学校、城市三位获得认可

6. 配齐配强体育师资

在中小学体育教师招录工作中,对足球专业人才给予倾斜,同等条件下优先录取足球专

业人才;由市教育局出资并统筹安排全市校园足球学校教师轮岗接受足球培训,市足协继续增大 E 级培训班开班力度,确保年培训校园足球教师不少于 500 人;督促学校将体育教师开展体育教学、足球训练和活动计入工作量,保证体育教师在评优评比、工资待遇、职务评聘等各方面享受同等待遇。

7. 加大经费投入

市教育局每年安排每所校园足球学校 4 万元足球活动保障经费预算;另以政府购买服务方式安排每年不少于 750 万元的专项经费用于组织实施全市校园足球活动、竞赛及教师培训等工作。市级校园专项经费每年投入达 2400 万元。

(二)武汉市校园足球绩效综合评价

1. 综合评价评判集的确定

根据评级的实施步骤和方法,共对武汉市发放单因素调查问卷 60 份,回收有效问卷 48 份,调查结果见表 6 – 8 所列。

表 6 – 8 武汉市校园足球绩效评价单因素调查结果统计表

三级指标	各档评分人数				
	很好	好	一般	差	很差
C1 学生对学校体育设施的满意率	8	15	16	7	2
C2 学生对足球教学的满意率	15	21	7	5	0
C3 学生对校园足球活动开展的满意率	10	20	12	5	1
C4 学生自尊水平合格率	8	16	13	7	4
C5 学生心理健康率	13	17	9	6	3
C6 颠球	13	18	14	3	0
C7 往返运球	12	13	14	7	2
C8 踢准	10	12	17	7	2
C9 50 米跑	9	15	16	7	1
C10 坐位体前屈	10	14	18	6	0
C11 一分钟跳绳	17	14	12	5	0
C12 一分钟仰卧起坐	8	13	15	10	2
C13 体育课程设置	17	17	11	3	0
C14 足球课程设置	20	17	9	2	0
C15 校本课程开发	6	13	20	7	2
C16 校园足球宣传与报道	8	14	20	5	1
C17 组织足球文化活动	11	13	18	6	0

续表

三级指标	各档评分人数				
	很好	好	一般	差	很差
C18 社团组织足球活动次数	10	17	13	7	1
C19 每周课余训练次数	24	15	8	1	0
C20 足球课外活动参与人数比	16	18	11	3	0
C21 体育教师数量	15	18	10	5	0
C22 足球专项教师数量	6	12	18	10	2
C23 外聘足球教练数量	4	12	17	12	3
C24 每年足球教师参与培训次数	14	17	14	3	0
C25 足球教师教练员等级情况	12	15	14	6	1
C26 体育教师考核	6	9	19	10	4
C27 教师激励	8	18	12	8	2
C28 教师待遇保障	13	12	15	6	2
C29 足球特色学校发展理念	23	18	6	1	0
C30 特色学校预期目标	19	15	13	1	0
C31 足球阶段规划目标	18	15	14	1	0
C32 校内足球管理机构	10	12	18	6	2
C33 管理制度	20	17	10	1	0
C34 安全管理	10	16	14	6	2
C35 后勤服务	8	15	15	8	2
C36 自我评价	8	13	20	7	0
C37 自我改进	10	16	13	8	1
C38 体育经费投入	12	18	12	6	0
C39 体育场地、器械使用率	10	15	14	7	2
C40 足球场地设施建设	9	18	14	7	0
C41 家校沟通	7	16	19	6	0
C42 与社会(社区)的联系	16	16	11	5	0
C43 人才选拔规章制度	8	16	18	6	0
C44 成立各级足球队数量	18	19	9	2	1
C45 学年组织训练频率	18	16	11	3	0
C46 训练计划完善程度	10	18	12	8	0
C47 开设校内足球联赛次数与规模	6	11	20	9	2
C48 比赛参与人数比	14	18	12	4	0
C49 每年校际比赛交流次数	10	19	13	5	1
C50 各级联赛参与次数	15	18	13	2	0
C51 年度获奖情况	9	15	17	7	0

三级指标	各档评分人数				
	很好	好	一般	差	很差
C52 人才培养与输送	19	17	12	0	0
C53 各级足球队队奖惩措施	3	9	20	12	4
C54 校园足球参与安全保障	3	9	21	12	3

2. 评价结果与分析

在对武汉市校园足球绩效进行模糊综合评价时依旧按照一级、二级、三级对各级指标依次进行评价,其评价结果见表6－9所列。

表6－9　武汉市校园足球绩效模糊综合评级结果统计表

评价过程	指标名称	隶属率				
		很好	好	一般	差	很差
一级评价	B1 学生满意率	0.256	0.3988	0.2143	0.1161	0.0149
	B2 学生心理与人格	0.2448	0.349	0.2083	0.1302	0.0677
	B3 学生足球技能	0.2516	0.3232	0.2993	0.1192	0.0284
	B4 学生体质健康测	0.2291	0.3014	0.3146	0.1394	0.0156
	B5 足球教学课程开设	0.348	0.3462	0.2366	0.0625	0.004
	B6 校园足球文化建设	0.1823	0.2865	0.4063	0.1094	0.0156
	B7 足球课外训练与活动	0.3472	0.3472	0.2223	0.0764	0.0069
	B8 师资情况	0.1586	0.276	0.3376	0.1921	0.0357
	B9 教师培养	0.2778	0.3403	0.2917	0.0833	0.0069
	B10 教师考核与激励	0.1612	0.2534	0.3389	0.1823	0.0641
	B11 目标与规划	0.4286	0.3393	0.2113	0.0208	0
	B12 特色学校管理	0.2383	0.3069	0.3075	0.1125	0.0347
	B13 自我评价与改进	0.1771	0.2865	0.3802	0.151	0.0052
	B14 资源配置	0.2042	0.3625	0.2833	0.1417	0.0083
	B15 社会交流	0.2083	0.3333	0.3403	0.1181	0
	B16 校队建设	0.2083	0.3458	0.3375	0.1083	0
	B17 训练开展	0.2917	0.3542	0.2396	0.1146	0
	B18 赛事组织	0.1806	0.2777	0.3611	0.1528	0.0278
	B19 竞赛交流	0.2604	0.3854	0.2708	0.0729	0.0104
	B20 训练成效	0.3438	0.3438	0.276	0.0365	0
	B21 奖惩与保障	0.0625	0.1875	0.4306	0.25	0.0694

评价过程	指标名称	隶属率				
		很好	好	一般	差	很差
二级评价	A1 学生发展	0.2326	0.3272	0.2844	0.1276	0.0284
	A2 教育教学	0.3083	0.3303	0.2671	0.0847	0.0096
	A3 教师队伍	0.1936	0.2923	0.3112	0.166	0.037
	A4 组织领导	0.307	0.3292	0.2685	0.0745	0.0115
	A5 训练与竞赛	0.2478	0.3291	0.2947	0.1159	0.0124
三级评价	武汉市校园足球绩效评价	0.2421	0.3199	0.2907	0.1229	0.0186

从表 6 - 9 的模糊综合评价的计算结果显示,根据最大隶属度原则,武汉市校园足球目前处于绩效评价好的水平,其隶属于"好"的程度为 0.3199,并且刚从一般往好的方向发展,这是因为其隶属于"一般"的等级程度也达到了 0.2907,朝很好方向发展也极具潜力。武汉市领导对校园足球的开展非常重视,目前来看在绩效评价的各环节中没有明显的缺陷,未来在发展中需要抓住原本的优势大力发展,让武汉市的校园绩效评价水平更多地分布在"很好"和"好"上。

学生发展处于绩效评价好的水平,其隶属于"好"的程度为 0.3272。二级指标中"学生满意率""学生心理与人格""学生足球技能"的绩效评价等级均处于好的水平,这表明武汉市的校园足球活动开展以学生发展为主,已经取得了一定的成效。另外"学生体质健康测试"处于绩效评价的一般水平,但从隶属情况发现处于好的水平也在 0.3 以上,说明武汉市随着校园足球的开展,开始重视学生的体质健康状况,现也已经起到了一定的改善。

教育教学以 0.3303 的概率处于绩效评价很好的水平,并且极好也以 0.3083 的概率位居第二,这无疑不是对武汉市开展校园足球教育教学工作的认可。其中"足球教学课程开设"和"足球课外训练与活动"均处于绩效评价很好的水平,其中"足球课外训练与活动"分布在好和很好的概率相等。但是"校园足球文化建设"却处于绩效评价一般的水平,因此表明武汉市在今后的校园足球活动开展中要以校园足球文化建设为主,以推动武汉市校园足球的整体发展。

教师队伍处于绩效评价一般的水平,但在好和差中的隶属率为 0.2923,虽然武汉市在校园足球师资情况上目前还是一般的水平,但其发展潜力巨大,在领导重视和资金保障的情况下,教师队伍的问题会在短时间内得到良好的解决。

组织领导以 0.3292 的概率处于绩效评价好的水平,隶属率排在第二很好,概率为 0.307,说明武汉市领导非常重视校园足球活动的开展。其中"目标与规划"以 0.4286 的概率处在绩效评价很好的水平,再次反映出武汉市对校园足球的重视程度。但是依旧有三个方面的评价情况为一般,因此在组织领导这一环节上武汉市依旧需要查漏补缺,让校园足球得到一个更好的发展。

训练与竞赛以 0.3291 的概率处于绩效评价号的水平,并且在"赛事组织"和"奖惩与保障"方面处于一般的水平,今后完善市、区、校之间的赛事体系,以提高校园足球的绩效评价水平。

综上所述,通过模糊综合评价使用基于"全面质量管理"的校园足球绩效评价指标体系对武汉市进行绩效评价,反映出在校园足球的开展中,还存在"学生体质健康测试""校园足球文化建设""师资情况""教师考核与激励""特色学校管理""自我评价和改进""社会交流""赛事组织"和"奖励与保障"九个方面存在一定的问题。

十一、校园足球特色学校存在的问题

(一)在学生发展方面存在的问题

开展校园足球工作,一方面是为了加大足球的普及,提升足球人口,另一方面则是为了改善青少年学生的体质健康状况。足球不同于一般的跑跳项目,它具有技巧性、对抗性和趣味性的特点,对于学生体质健康状况的改善能起到非常大的作用,因此校园足球的发展是可以促进学生体质健康状况的改善的。但是学生体质的不均衡,评价等级不理想可以从评价结果中清晰地看出,目前来说可能更多的学校和地区更注重足球技能的练习,却忽视了学生整体素质的锻炼。再出众的单项技术也是需要建立在良好的体质上才能发挥出来的,因此相关领导和教师应继续提高思想认识转变行动方式。其次,体育锻炼不仅仅是对身体的锻炼,而是对身心由内到外整体的锻炼。但是学生自尊情况、心理与人格的健康情况、技能情况和体质健康情况间的发展不均衡,这种"抓少数、放多数"的传统做法虽有改观,但仍存有不足。

(二)在足球教育教学方面存在的问题

整体上来看,改革试验区对足球教育教学是非常重视的,普遍的地区会认为,开展校园足球活动首先就是足球进入校园课堂当中,并且在课余活动中普及开来。所以目前在足球教育教学方面,各地区和学校都开展得比较好,但是一些地区和学校忽视了校园足球文化的建设。课堂教学、训练与竞赛是外在表现出来的,是最能让社会所认知的部分,而文化建设就像一个人的内在修养和学识,所以建设校园足球文化的重要性不言而喻。过分地追求成绩和教学,忽略文化氛围带来潜移默化的作用。研究认为,导致目前这种情况的主要原因在于,由于文化氛围是需要一定的时间积淀,而校园足球特色学校和改革试验区的发展时间较短,目前难易形成系统的文化建设与宣传模式。

(三)在足球教师队伍与保障方面存在的问题

在教师队伍部分和资源保障上的评价结果可以反映出以下问题:第一,与校园足球开展紧密相关的足球场地状况与足球师资状况依然薄弱,两者相比较而言,前者情况相对于后者更为严重,这也反映出当前校园足球的发展短板依然是场地问题,且城区学校受场地面积制约的现象更明显。第二,与校园足球发展相关的人员之间,存在着程度不等的"两头热、中间冷"的局面,即校长和足球教师热、班主任中间冷的局面,如何调动班主任的积极性是学校管理层应积极思考的问题。第三,学生的安全工作受到校园足球特色学校的普遍重视,相应的安全教育、应急机制和保险机制建设相对充分完善。第四,虽然每年对校园足球的投入较大,但是实际分配到每个学校的资金难以满足全面开展校园足球活动的需要,并且在对体育教师特别是足球教练员的保障、考核和激励较为欠缺。需要指出的是尽管足球专项教师资源相对稀缺,但目前特色学校尚不能以教师的项目特长为依据来安排教学任务,致使有限的教师资源造成某种程度的浪费,这应该是各校园足球特色学校极力避免的。

(四)在足球组织领导方面存在的问题

组织领导是校园足球发展团队中的领头羊,如解决资金场地等问题的重任就落到了组织领导上。经费不够充足,对于场地、教师和学生保障难以到达一个满意的水平,这就需要组织领导与社会交流,拓宽资金来源,加大自我评价与改进,因地制宜地提出解决方案,以至于校园足球的持续发展。当前在"自我评价和改进"和"社会交流"上的绩效评价结果相对较差,这容易导致资源配置方面产生一系列问题。另外,良好的管理与持续发展密不可分,特色学校管理同样是校园足球发展中重要的组成部分,目前自绩效评价的结果中依旧存在一些问题。

(五)在足球训练与竞赛方面存在的问题

在学校与地区组织足球训练与竞赛上,整体发展还是相对良好,各地区和学校都积极响应国家号召,举办与参与足球训练与竞赛。但是在赛事组织方面还是不够完善,更多的只是部分学校间的比赛,大部分生源、师资等较差学校的融入情况不容乐观。建设校队和产生成果是相辅相成的,首先就是要重视,建立队伍,才能参加各种联赛,最终取得一系列的成果。可是在队伍建设上,一些学校的机制不完善,也没有很好的生源和招生制度,训练队水平上不去,最终导致成效不理想的恶性循环。

第七章　结论与建议

一、结论

通过梳理全国校园足球的发展现状与绩效评价情况,发现我国校园足球在资源投入、足球开展等方面均有所不足。

遵循概念界定、指标构建、实证检验的研究思路,根据绩效评价的主客体和流程构建了基于"全面质量管理"的校园足球绩效评价指标体系,该体系五个一级指标可以从宏观到微观反映校园足球的整体情况。

基于"全面质量管理"的校园足球绩效评价指标体系是由"学生发展""教育教学""教师队伍""组织领导""训练与竞赛"5 个一级指标和 21 个二级指标,54 个三级指标构成,其中一级指标的权重分别为 0.4537、0.2074、0.1686、0.0904、0.0798。

通过使用模糊综合评价对部分改革试验区进行绩效评价的实证研究证明了评价指标体系的可行性。从评价结果来看,主要问题在教师队伍和资源保障上,与前期调查相符。

二、建议

(一)国家层面的校园足球发展建议

1."摸着石头过河"与"加强顶层设计"相结合

对于校园足球的发展来说,"摸着石头过河",就是要在发展的过程中探索规律,从实践中获得在青少年中广泛开展校园足球的方法。国外固然有成熟的校园足球发展模式供我们借鉴,而且国内其他运动项目也有发展的成功经验以供参考,但是绝不能照抄照搬这些模式和经验,这是因为我们的教育体制、文化氛围、观念意识等方面都与国外有很大差异,加之足球后备人才培养的长期性和复杂性。因此,在实现校园足球可持续发展的过程中,在充分借鉴国外校园足球发展和国内其他运动项目发展的成功经验的基础上,一定要将这些成功经验与我国国情相适应,与足球后备人才培养的规律相结合,在实践中不断探索适合我国国情的校园足球发展模式。

"顶层设计",原本是系统工程学中的概念,大意是指统筹考虑项目各层次和各要素,从全局的高度寻求解决问题之道。自从国家关于"十二五"规划的建议中首次出现改革的"顶层设计"一词后,如今已被众多领域广泛使用,成为这些领域制订发展战略的一种重要的思维方式。"顶层设计"主要体现了三个方面的理论内涵,第一就是整体主义战略;第二就是缜密的理性思维;第三就是强调执行力。对于校园足球的发展来说,加强"顶层设计",从全局和战略的高度对校园足球发展进行长远规划和设计,所谓"不谋全局者不能谋一域,不谋万世者不足谋一时",校园足球有了"顶层设计",在具体的发展过程中所遇到的一些深层次的、盘根错节的问题也会迎刃而解。

加强校园足球的"顶层设计",关键要做到两点,一是要明确校园足球发展的总体目标和方向,做到有的放矢。校园足球的发展要以《中共中央、国务院关于加强青少年体育增强青少年体质的意见》(中发〔2007〕7号)和《国家中长期教育改革和发展规划纲要(2010—2020年)》等文件为指导,确保制定的校园足球的相关政策和措施符合国家的基本方针政策,要从校园足球可持续发展的长远角度考虑,高度重视青少年身心素质的培养和足球知识和技能的普及,避免功利主义和锦标主义。二是要运用创新性思维来指导校园足球的发展。校园足球的发展既有全国普遍性的特点,同时,由于各地区、各改革试验区和足球特色学校在经济、环境、师资队伍等方面条件各不相同,各改革试验区和足球特色学校在开展校园足球的组织形式和方式上也带有很大的差异性。此外,我国具有规模庞大的各类在校生,一方面决定了校园足球的推广和普及具有其他国家和地区所没有的广泛性特征;另一方面要想通过开展校园足球提高学生身心素质和培养足球后备人才,这又决定了校园足球发展的目标和内容具有其他国家和地区所没有的复杂性特征。为此,需要与我国国情和实际需要相结合,大力推进校园足球可持续发展的理论创新,将发展校园足球的指导思想、基本理念、操作方式等进行专题研究,编制符合我国青少年身心发展规律和特点的校园足球培训教材,总结各改革试验区、足球特色学校在开展校园足球的成功经验,逐步探索出一条行之有效的中国校园足球发展之路。

2. 始终调控校园足球普及与提高的平衡

校园足球的普及,是指在青少年中广泛开展足球活动,促进青少年身心健康成长;而提高是指培养高水平的足球后备人才。足球后备人才培养的长期性和复杂性,以及成材率极低,这就决定了我们开展校园足球的首要目的是为了孩子的身心健康成长,让他们能够享受足球运动带来的快乐,随着足球运动在青少年中的广泛普及,出高水平的足球后备人才应该是"水到渠成"的事。2014年11月26日召开的全国青少年校园足球工作电视电话会议上强调要"进一步加快普及校园足球,为青少年健康成长和足球振兴奠定坚实基础",教育部、国家体育总局、国家发改委、财政部等政府部门也提出了相关工作计划以及保障措施,从中我们看到了广泛普及校园足球的希望,但是其中一些具体的实施方法仍然值得商榷。例如,"把足球纳入学校体育课程教学体系,作为体育课必修内容",让所有学生都去学足球,这一做法有些偏激,足球运动只是众多体育运动项目中的一种,没必要要求所有孩子都去踢足球,这样反而会遭到一些学生或家长的抵制。再有就是"组织开展四级联赛",当然足球竞赛是检验训练效果和调动各方参与积极性的有效手段,但是在开展过程中必然会导致一些地方和学校更看重比赛成绩,而为了获得好的比赛成绩,忽视了校内足球运动的普及,转而只是训练一部分有足球天赋的孩子踢球,形成"栽了一棵大树,毁了一片树林"的局面,这就会使校园足球的发展之路越走越窄,比如 20 世纪全国范围内开展过的"三杯赛"很快销声匿迹,就是前车之鉴。

因此,在校园足球开展的过程中,要始终调控好普及与提高的平衡,一定要淡化比赛成绩,将校园足球的广泛普及作为首要工作扎实开展,积极推进校内比赛,增加校内比赛场次和参赛队伍数量,提高校园足球人口数量,在广泛普及的基础上促进高水平足球后备人才的涌现,对四级联赛要将联赛形式、参赛规模以及其他各方面统筹设计和考虑,这样才能有效推动校园足球广泛深入持续开展。

(二)改革试验区层面的校园足球发展建议

1. 明确改革试验区开展校园足球的要求

各改革试验区在经济、环境、社会文化等方面都显示出极大的地区差异,各改革试验区的校园足球发展的指导思想、发展重点和具体部署也将大不相同,各地应根据国家出台的相关校园足球发展的指导性文件结合本地区经济、环境等条件与发展校园足球的现实和长远需要,研究确定本地区各小学、中学、大学等不同学段的青少年开展校园足球的实施步骤,有重点地推进当地校园足球的开展。

2. 构建完整的改革试验区校园足球组织机构

各试验区校园足球发展组织机构,是全国校园足球办公室的下属单位,应参照国家层面的校园足球领导小组进行组织机构设置,由当地教育、发展与改革、财政、新闻宣传、体育、共青团等组织共同构成领导有力、运作高效的组织机构,这是推进地区校园足球发展的组织保障。各改革试验区校园足球组织机构的主要职能是:研究制定本地区校园足球发展的指导思想、实施规划、年度工作计划;指导足球特色学校广泛普及和开展校园足球;组织好各级校园足球竞赛活动和师资、教练员培训工作;组织好校园足球经验交流和理论实践研究;加大宣传力度,吸引社会力量,争取经费支持等。

3. 加强改革试验区校园足球师资的培训和引进工作

专业的师资队伍在校园足球发展中具有非常重要的作用,各试验区、足球特色学校校园足球可持续发展的效果与教练员的执教水平和工作积极性密切相关。虽然国家层面对各地管理干部和教练员、指导员进行了大量培训,但是仍然不能有效地缓解校园足球专业人才的短缺和水平不高的问题,而且通过组织每次 3～5 天短期的业务培训来提高他们的专业水平是不现实的。因此,各改革试验区要结合本地实际情况,一方面,利用寒暑假对校园足球教练员和指导员进行为期较长的初级和中级培训,采取聘请足球专家、教授、退役运动员等为师资培训班学员进行理论和实践方面的指导,还可以充分利用"国培计划"的契机,将体育教师、教练作为培训重点,切实提高他们开展校园足球的理论水平和实践能力。另一方面,可在学校体育教师招考和聘任时优先考虑具有足球专业知识背景的教师或教练员。

4. 组织开展具有地区特色的校园足球活动

各试验区应结合本地区资源优势,开展具有地区特色的校园足球活动。活动的开展应以贴近现实、注重实效为原则。所谓贴近现实,是指所开展的校园足球活动符合各年龄段青少年身心发展的特点。所谓注重实效,是指让青少年通过参加校园足球活动,提高他们的身心素质,吸引和调动身边更多的青少年参与到校园足球中来。在这一方面,部分改革试验区已做了有益的尝试,如大连的"绿荫工程计划"、上海的"校园足球节"等,值得各地学习借鉴。

5. 加大校园足球的社会宣传和吸引社会赞助

校园足球的社会宣传应坚持正确的舆论导向,利用主流媒体从正面加大对活动的宣传力度,使家长和孩子能够正确认识参与体育运动和足球活动所带来的好处,营造一个全社会共同关注青少年身心健康、关心支持校园足球可持续发展的社会氛围。在活动经费方面,虽然国家体育总局已决定将从 2013 起,每年对校园足球的拨款将从 4000 万元增至 5600 万元,政府适当增加对校园足球的经费投入是必要的,但单纯依靠政府投入显然无法满足大范围校园足球的开展。为了进一步加强校园足球可持续发展的能力建设,可以采取"政府拨一点,社会筹一点,单位出一点"的办法,通过社会宣传,吸引社会单位和个人对校园足球进行赞助,解决校园足球开展过程中经费紧张的突出问题。

(三)足球特色学校层面的校园足球发展建议

1. 小学阶段开展校园足球的建议

(1)将"健康第一"的理念融会贯通于日常教学和生活中

校园足球在小学阶段的开展,应以培养少年儿童的体育意识和普及足球运动的知识和技能,提高他们的身心素质为重点,切不可过分看重比赛成绩,要将"健康第一"的理念贯穿其中。国外足球发达国家有关青少年足球运动员的选材研究也表明:"在制定发现青少年儿童运动人才的计划时,都淡化比赛成绩,强化兴趣与动机的培养,倡导快乐足球。"同时要让社会各界给予体育运动正确合理的评价,"体者,载知识之车而寓道德之舍也",通过体育运动让学校领导、家长、学生真正领会和认识其中的价值和意义,树立正确的体育价值观和形成体育锻炼的良好习惯,最终营造社会、学校、家庭共同关注体育的良好氛围。

(2)广泛开展丰富多彩的趣味性校园足球活动

小学阶段的儿童兴趣不稳定,意志比较薄弱,在足球教学中如果教学方法单一,内容枯燥,不但不会引起学生的兴趣,相反会使他们感到厌倦。因此,日常足球教学和活动的开展过程中应注意根据小学生心理特点,多选择具有趣味性的足球游戏,例如,"抢圈""运球接力赛""网式足球"等,让孩子在和谐欢快的课堂气氛中充分感受到足球所带来的快乐。在小学高年级足球教学和活动时,可采用荷兰青少年足球训练常用的"小型比赛"的方式,即 3

对3、4对4、5对5等比赛形式,这种小型比赛包含了正式足球比赛的应有要素:球、同伴、对手、球门、空间、规则,是一种简化了的足球比赛,在青少年的足球意识和技能的培养方面作用突出。

(3)形成校长、教练员、家长、孩子四位一体的校园足球发展合力

学校校长要积极创造条件为开展校园足球提供保障,校园足球教练员应与家长密切合作,综合利用各种手段和方法,共同为孩子的发展创造良好条件,同时教练员要争取家长的理解和支持。没有校长、教练员、家长和孩子的共同参与,校园足球可持续发展难以取得成效。因此,要建立形成校长、教练员、家长和孩子四位一体共同促进校园足球发展的合力,校长和教练员居于学校开展校园足球的主导地位,一方面,学校应该主动采取多种措施向家长和孩子介绍宣传参与体育锻炼和足球活动的益处,例如采用家长会、专题报告会,家长学校等形式进行宣传。另一方面,学校可邀请家长对训练,竞赛活动进行观摩指导,进一步充实、强化校园足球。

2. 中学阶段开展校园足球的建议

(1)在广泛普及的基础上丰富校内足球竞赛活动

在实地走访调查部分足球特色学校时发现,许多学校缺乏真正意义的校内足球活动,而仅对部分具备足球特长的学生进行训练,进而组队参加校外竞赛。而在校园足球的普及程度上严重不足,没能形成"班班有队""周周有赛"的局面,这种重提高轻普及的做法严重背离了校园足球"在青少年学生中普及足球知识和技能,形成校园足球文化,从而培养全面发展、特长突出的青少年足球后备人才"的指导思想。20世纪80年代在全国范围内开展的"幼苗杯""萌芽杯""希望杯"三杯赛在开展初期,对校园足球的普及和提高确实起到了推动作用,但后期部分地区为获得名次,虚报年龄,以大打小,严重陷入功利主义的漩涡而不能自拔。因此,新一轮校园足球的开展要高度重视在学生中的普及和校内足球竞赛活动的开展,三杯赛的失利是前车之鉴,切不可重蹈覆辙。

(2)加强校园足球文化建设和足球校本课程的开发

校园足球文化建设作为校园精神文明建设的一个重要方面,同时也担负着宣传校园足球,增强青少年的体育意识和兴趣的作用。各足球特色学校可根据本校的地理环境,办学条件等因地制宜地开展校园足球文化建设,例如可以制作标语、图片展、广播录像,开展足球知识竞赛和足球趣味活动等提高同学们参与足球活动的积极性。同时为实现体育项目特色建设,应鼓励各足球特色学校根据国家或地方制定的课程纲要和校园足球开展的相关文件精神,结合学校的特点、条件以及可以开发利用的资源,研究开发具有本校特色的足球校本课程,使理论和实践相结合,进一步提高足球运动的吸引力。

(3)加强足球重点学校建设

1997年,在中国足协注册的足球学校多达3000所,而到了2007年末,这一数字已萎缩至20来所,面对当前国内足球学校大面积缩水的现状,究其原因,中国足球恶劣的环境以及

足球运动的成才周期长、淘汰率高和运动员出路狭窄成为主要因素。而以足球项目作为特色的足球重点学校在解决运动员学训矛盾、降低培养费用、培养德智体全面发展的人才和解决运动员出路方面具有传统足球学校无可比拟的优势。因此,足球重点学校要充分发挥开展校园足球的引领和示范作用,在足球运动的普及和提高与学生的学业两方面做到"两手抓,两手都要硬",在学生的培养和成才方面走出特色之路,以带动更多的学校重视和开展校园足球。同时,各级教育和体育部门应加大对足球重点学校在政策激励、资金投入、人才引进和培养方面的扶持力度,进一步提高学校开展校园足球的积极性。

参 考 文 献

参 考 文 献

[1] 姜身飞.上海市杨浦区校园足球开展现状与发展研究[D].上海体育学院,2011.

[2] 李钊.上海市青少年校园足球管理体制研究[D].上海体育学院,2011.

[3] 李雪伟.上海市青少年校园足球活动竞赛研究[D].上海体育学院,2011.

[4] 李纪霞.全国青少年校园足球活动发展战略研究[D].上海体育学院,2012.

[5] 张辉.我国布局城市校园足球人才培养体系研究[D].北京体育大学,2011.

[6] 李卫东.我国青少年校园足球竞赛体系研究[D].上海体育学院,2012.

[7] 侯学华,薛立,陈亚中,等.校园足球文化内涵研究[J].体育文化导刊,2013(6):111-114.

[8] 贺新奇,刘玉东.我国"校园足球"若干问题再探讨[J].北京体育大学学报,2013(11):108-113.

[9] 张长城,刘裕."校园足球"内涵的逻辑学分析[J].嘉应学院学报,2013,31(2):73-80.

[10] 上海社会科学院政府绩效评价中心.非营利组织绩效评价[M].上海:上海社会科学院出版社,
     2015:111.

[11] 苏为华.多指标综合评价理论与方法问题研究[D].厦门大学,2000:15-16.

[12] 周明浩,李延平,史祖民,等.德尔菲法在卫生城市建设综合评价指标筛选中的应用[J].中国公共卫
     生管理,2001,17(4):260-3.

[13] 姚鑫倩.护理本科生临床实习带教老师岗位胜任力评价指标体系的构建[D].浙江中医药大学,2014.

[14] 苏杨,宋雅伟.基于SPSS体育统计实验教学中非参数检验的几个问题探讨[J].南京体育学院学报(自
     然科学版),2015,14(01):103-105.

[15] 孙友强.原发性骨质疏松症PRO量表的初步研制与评价[D].广州中医药大学,2015.

[16] 闫滨,钱静宇,郭超.基于动态权重的综合指标权重确定及应用[J].沈阳农业大学学报,2014,45(01):
     58-61.

[17] 郭亚军.综合评价理论方法及拓展[M].北京:科学出版社,2012.

[18] 赵书祥.我国体育领域中综合评价理论与方法及实证的研究[D].北京体育大学,2008.

[19] 杜栋,庞庆华,吴炎.现代综合评价方法与案例精选(第二版)[M].北京:清华大学出版社,2008:
     34-35.

[20] 王新华,李堂军,丁黎黎.复杂大系统评价理论与技术[M].山东:山东大学出版社,2010:147-149.

[21] 冯平.评价论[M].北京:东方出版社,1995:113.

[22] 全国哲学社会科学规划办公室.辩证看待摸着石头过河与加强顶层设计[EB/OL].[2013-04-02]
     http://www.npopss-cn.gov.cn/n/2013/0402/c219470-20993208.html.

[23] 徐敦楷.顶层设计理念与高校的科学发展[J].中国高等教育,2008(22):11-13.

[24] 刘卫民,刘艳明,覃凤珍.国外青少年儿童足球运动员选材过程研究综述[J].体育学刊,2011,

18(1):109 – 115.

[25] 伯特·范·林根.足球训练——荷兰足球协会青少年足球训练指定教材[M].杨一民,李飞宇,李连胜,译.北京:人民体育出版社,2002.

[26] 曹林,林剑.拿什么拯救你,中国足校?[N].中国体育报,2008 – 3 – 4(003).

附　　录

附录一

专家访谈提纲

1. 您认为当前校园足球绩效评价体系是否合理？

2. 您觉得目前我国校园足球开展现状如何？

3. 你觉得在对校园足球开展现状进行绩效评价时需要主要注意那些方面？

4. 您认为目前开展校园足球所面临的困难是？

5. 您认为校园足球改革试验区的设立，能否为校园足球活动带来实质性的帮助？有无需要改进的部分？

附录二

校长访谈提纲

1. 请问从校园足球特色学校申报到挂牌，您觉得校园足球活动的建设情况怎样？

2. 您本人喜欢体育运动吗？平时参与体育活动的频率大约是多少？

3. 您认为贵校建设足球特色学校的目的是什么？

4. 请问贵校是否将校园足球工作纳入发展规划？具体目标是什么？

5. 您认为应该采取哪些措施来促进校园足球特色学校足球活动的开展？

6. 请问：贵校在成为校园足球特色学校之后，校园足球活动的开展最大的变化是什么？

7. 您认为校园足球特色学校应该通过哪些方面来彰显学校特色？

8. 您认为现阶段贵校在校园足球活动的开展中，存在的问题是什么？

9. 您认为国家校园足球特色学校的遴选标准是否完善？有何建议？

附录三

省级校园足球办公室主要负责人及管理人员访谈提纲

1. 校园足球特色学校和改革试验区的建立给您的工作带来了哪些变化?

2. 在学校发展校园足球的过程中您有什么建议?

3. 您会在日常生活中支持您的孩子参与足球相关的活动吗?

4. 在推广校园足球的过程中遇到过什么困难吗?

5. 在每年对校园足球特色学校和改革试验区进行审核时,遇到了什么问题?

6. 您认为当前的校园足球绩效评价体系有哪些需要改进的地方?

附录四

《基于"全面质量管理"的校园足球绩效评价研究》专家咨询问卷
(第一轮)

尊敬的专家:

您好!

我是《基于"全面质量管理"的校园足球绩效评价研究》课题组成员,就校园足球绩效评价的若干问题征询您的观点,请您更具自己的想法给予回答。请自由、充分地表达您的观点,如有可能,敬请附上相关资料。调查与问卷处理过程中,我们不会向其他人(包括其他专家)透露您的个人信息和观点。待处理完毕后,我们会将结果反馈给您,以便做进一步的交流。

在此对您贡献的智慧和对我们研究工作的大力支持,表示衷心的感谢!

《基于"全面质量管理"的校园足球绩效评价研究》课题组

天津体育学院

一、家个人信息部分

1. 您的姓名:

2. 您的工作单位:

3. 您的文化程度: A. 大专及以下　　B. 本科　　　　C. 硕士　　　　D. 博士

4. 您的职称:　　　A. 一级教师　　B. 高级教师　C. 正高级教师　D. 助教

　　　　　　　　　E. 讲师　　　　F. 副教授　　G. 教授　　　　H. 其他

二、基于"全面质量管理"的校园足球绩效评价指标体系重要性评分

相关说明：

一、关于调查方法

本调查采用"德尔菲法"。德尔菲法依据系统给的程序通过专家咨询的方式获得资料。本调查共设二轮：

第一轮：请您对校园足球绩效评价的含义、要素、现状表达看法。

第二轮：请您根据第一轮的结果作出评论或排序。

根据德尔菲法的要求，最低要经过二轮调查完整才能计为有效。由于调查周期较长，如果您愿意接受我们的征询，请务必坚持到底。

二、指挥体系

请您在填写前详细阅读指标体系的初步指标，根据您的判断在每个指标后的表格内按照"很重要（5）、较重要（4）、一般（3）、较不重要（2）、很不重要（1）"打"√"，对该指标重要性给予赋值，并请您在表格后写出您对各级指标提出补充或修改意见。

表 1　一级指标重要性程度调查表

一级指标	很重要	较重要	一般	较不重要	很不重要
学生发展					
教育教学					
教师队伍					
领导与管理					
训练与比赛					

纸质版问卷请在相应位置划"√"即可，电子版问卷请将此处的"√"复制粘贴到相应位置即可。

表 2　二级指标重要程度专家调查表

一级指标	二级指标	很重要	较重要	一般	较不重要	很不重要
学生发展	学生满意率					
	学生心理与人格					
	学生足球技能					
	学生体质健康测试					
	学生生活实践能力					
补充与建议：						

一级指标	二级指标	很重要	较重要	一般	较不重要	很不重要
教育教学	教学工作					
	足球课程开设					
	校园足球文化建设					
	足球课外训练与活动					
补充与建议：						
教师队伍	师资情况					
	教师培养					
	教师素养					
	教师考核与激励					
补充与建议：						
领导与管理	目标与规划					
	特色学校管理					
	管理队伍建设					
	资源的开发与利用					
	社会交流					
补充与建议：						
训练与比赛	校内足球普及与推广					
	校队情况					
	校队成绩					
	奖励与保障					
补充与建议：						

纸质版问卷请在相应位置划"√"即可，电子版问卷请将此处的"√"复制粘贴到相应位置即可。

您对二级指标的其他意见：

表3　三级指标重要程度专家调查表

二级指标	三级指标	很重要	较重要	一般	较不重要	很不重要
学生满意率	学生对学校足球场地的满意率					
	学生对学校足球器材的满意率					
	学生对足球教学的满意率					
	学生对校园足球活动开展的满意率					
补充与建议：						

二级指标	三级指标	很重要	较重要	一般	较不重要	很不重要
学生心理与人格	学生自尊水平合格率					
	学生心理健康率					
	学生日常行为习惯					
	学生意志品质合格率					
补充与建议：						
学生足球技能	颠球					
	往返运球					
	踢准					
补充与建议：						
学生体质健康测试	50 米跑					
	坐位体前屈					
	一分钟跳绳					
	一分钟仰卧起坐					
补充与建议：						
学生生活实践能力	生活习惯					
	生活技能					
	社会实践					
	人际交往					
补充与建议：						
教学工作	教学常规					
	课堂教学					
	教学计划					
补充与建议：						
足球课程开设	体育课程设置					
	足球课程设置					
	校本课程开发					
补充与建议						
校园足球文化建设	和谐校园					
	校园足球宣传					
	班级足球宣传					
	组织足球文化活动					
补充与建议：						

续表

二级指标	三级指标	很重要	较重要	一般	较不重要	很不重要
足球课外训练与活动	社团组织足球活动次数					
	每周课余训练次数					
	足球课外活动参与人数比					
补充与建议：						
师资情况	体育教师数量					
	足球专项教师数量					
	外聘足球教练数量					
补充与建议：						
教师培养	学校每年举办足球教师培训次数					
	每年足球教师参与培训次数					
	足球教师教练员等级情况					
补充与建议：						
教师素养	师生关系					
	教师风气					
	教师表现					
	教师成就					
补充与建议：						
教师考核与激励	体育教师考核					
	教师激励					
	教师待遇保障					
补充与建议：						
目标与规划	足球特色学校发展理念					
	特色学校预期目标					
	足球阶段规划目标					
补充与建议：						
特色学校管理	校内足球管理机构					
	管理制度					
	安全管理					
	后勤服务					
	干群关系					
补充与建议：						

续表

二级指标	三级指标	很重要	较重要	一般	较不重要	很不重要
管理队伍建设	管理机构					
	管理队伍					
补充与建议：						
资源的开发与利用	体育经费投入					
	争取多方支持					
	体育场地、器械使用率					
	足球场地设施建设					
补充与建议：						
社会交流	家校沟通					
	与社会（社区）的联系					
	校际合作					
补充与建议：						
校内足球普及推广	成立各级足球队					
	校内足球联赛					
	比赛参与人数比					
	足球活动参与人数比					
补充与建议：						
校队情况	组织训练					
	训练计划					
	校际比赛交流					
	赛事参与情况					
补充与建议：						
校队成绩	年度获奖情况					
	人才培养与输送					
补充与建议：						
奖励与保障	奖励措施					
	安全保障					
补充与建议：						
您对三级指标的其他意见：						

纸质版问卷请在相应位置划"√"即可，电子版问卷请将此处的"√"复制粘贴到相应位置即可。

表4　您对评价指标体系中各项指标的熟悉程度

熟悉程度	很熟悉	较熟悉	一般	较不熟悉	不熟悉
专家自评					

在您认为合适的选项中打"√"。

表5. 您对各项指标重要性进行评分的判断依据及其影响程度

判断依据	影响程度		
	大	中	小
实践经验			
理论判断			
直觉			
国内外同行了解			

在您认为合适的选项中打"√"。

感谢您的回答！请检查一下还有什么需要补充的地方,如您有相关材料,请附文后,以附件形式发送给我们。

附录五

《基于"全面质量管理"的校园足球绩效评价研究》专家咨询问卷
（第二轮）

尊敬的专家：

您好！

我是《基于"全面质量管理"的校园足球绩效评价研究》课题组成员,就校园足球绩效评价的若干问题征询您的观点,请您更具自己的想法给予回答。请自由、充分地表达您的观点,如有可能,敬请附上相关资料。调查与问卷处理过程中,我们不会向其他人"包括其他专家"透露您的个人信息和观点。待处理完毕后,我们将结果反馈给您,以便做进一步的交流。

在此对您贡献的智慧和对我们研究工作的大力支持,表示衷心的感谢！

《基于"全面质量管理"的校园足球绩效评价研究》课题组
天津体育学院

一、基于"全面质量管理"的校园足球绩效评价指标体系重要性评分

请您在填写前详细阅读指标体系的初步指标,根据您的判断在每个指标后的表格内按照"很重要(5)、较重要(4)、一般(3)、较不重要(2)、很不重要(1)"打"√",对该指标重要性给予赋值,并请您在表格后写出您对各级指标提出补充或修改意见。

表1　一级指标重要性程度调查表

一级指标	很重要	较重要	一般	较不重要	很不重要
学生发展					
教育教学					
教师队伍					
组织管理					
训练与竞赛					

纸质版问卷请在相应位置划"√"即可,电子版问卷请将此处的"√"复制粘贴到相应位置即可。

表2　二级指标重要程度专家调查表

一级指标	二级指标	很重要	较重要	一般	较不重要	很不重要
学生发展	学生满意率					
	学生心理与人格					
	学生足球技能					
	学生体质健康测试					
补充与建议:						
教育教学	足球教学课程开设					
	校园足球文化建设					
	足球课外训练与活动					
补充与建议:						
教师队伍	师资情况					
	教师培养					
	教师考核与激励					
补充与建议:						
领导与管理	目标与规划					
	特色学校管理					
	自我评价与改进					
	资源配置					
	社会交流					
补充与建议:						
训练与竞赛	校队建设与训练					
	赛事组织					
	赛事交流					
	训练成效					
	奖励与保障					
补充与建议:						
您对二级指标的其他意见:						

纸质版问卷请在相应位置划"√"即可,电子版问卷请将此处的"√"复制粘贴到相应位置即可。

表4　三级指标重要程度专家调查表

二级指标	三级指标	很重要	较重要	一般	较不重要	很不重要
学生满意率	学生对学校足球场地的满意率					
	学生对学校足球器材的满意率					
	学生对足球教学的满意率					
	学生对校园足球活动开展的满意率					
补充与建议：						
学生心理与人格	学生自尊水平合格率					
	学生心理健康率					
	学生意志品质合格率					
补充与建议：						
学生足球技能	颠球					
	往返运球					
	踢准					
补充与建议：						
学生体质健康测试	50米跑					
	坐位体前屈					
	一分钟跳绳					
	一分钟仰卧起坐					
补充与建议：						
足球教学课程开设	体育课程设置					
	足球课程设置					
	校本课程开发					
补充与建议：						
校园足球文化建设	校园足球宣传					
	班级足球宣传					
	组织足球文化活动					
补充与建议：						
足球课外训练与活动	社团组织足球活动次数					
	每周课余训练次数					
	足球课外活动参与人数比					
补充与建议：						

二级指标	三级指标	很重要	较重要	一般	较不重要	很不重要
师资情况	体育教师数量					
	足球专项教师数量					
	外聘足球教练数量					
补充与建议：						
教师培养	学校每年举办足球教师培训次数					
	每年足球教师参与培训次数					
	足球教师教练员等级情况					
补充与建议：						
教师考核与激励	体育教师考核					
	教师激励					
	教师待遇保障					
补充与建议：						
目标与规划	足球特色学校发展理念					
	特色学校预期目标					
	足球阶段规划目标					
补充与建议：						
特色学校管理	校内足球管理机构					
	管理制度					
	安全管理					
	后勤服务					
	干群关系					
补充与建议：						
自我评价与改进	自我评价					
	自我改进					
补充与建议：						
资源配置	体育经费投入					
	争取多方支持					
	体育场地、器械使用率					
	足球场地设施建设					
补充与建议：						

二级指标	三级指标	很重要	较重要	一般	较不重要	很不重要
社会交流	家校沟通					
	与社会(社区)的联系					
	校际合作					
补充与建议：						
校队建设与训练	人才选拔规章制度					
	成立各级足球队数量					
	学年组织训练频率					
	训练计划完善程度					
补充与建议：						
赛事组织	开设校内足球联赛次数					
	开设校内足球联赛规模					
	比赛参与人数比					
补充与建议：						
赛事交流	每年校际比赛交流次数					
	各级联赛参与次数					
补充与建议：						
训练成效	年度获奖情况					
	人才培养与输送					
补充与建议：						
奖励与保障	奖励措施					
	安全保障					
补充与建议：						
您对三级指标的其他意见：						

纸质版问卷请在相应位置划"√"即可,电子版问卷请将此处的"√"复制粘贴到相应位置即可。

表4　您对评价指标体系中各项指标的熟悉程度

熟悉程度	很熟悉	较熟悉	一般	较不熟悉	不熟悉
专家自评					

在您认为合适的选项中打"√"。

表5　您对各项指标重要性进行评分的判断依据及其影响程度

判断依据	影响程度		
	大	中	小
实践经验			
理论判断			
直觉			
国内外同行了解			

在您认为合适的选项中打"√"。

感谢您的回答！请检查一下还有什么需要补充的地方,如您有相关材料,请附文后,以附件形式发送给我们。

附录六

层次分析法调查问卷

尊敬的专家：

您好！感谢您的对本研究的大力支持。经过前期的咨询,确定了基于"全面质量管理"的校园足球绩效评价指标体系,为确定各级指标的权重,需要您花宝贵时间来填写各指标的相对重要性,问卷中的数字标度含义如下表：

相对重要性	定义	说明
1	相同重要	两个因素同样重要
3	略微重要	根据经验或判断认为一个因素比另一个因素略微重要($0.25 < A1 - A2 \leqslant 0.50$)
5	重要	根据经验或判断认为一个因素比另一个因素重要 ($0.75 < A1 - A2 \leqslant 1.00$)
7	明显重要	深感一个因素比另一个重要,并且已有实践证明 ($1.25 < A1 - A2 \leqslant 1.50$)
9	绝对重要	强烈地感觉一个因素比另一个因素重要得多 ($A1 - A2 > 1.75$)
2,4,6,8	上述两项相邻判断的中间值	折中需要时采用

问卷根据层次分析法(AHP)的形式设计,这是在同一个层次对影响因素重要性进行两

两比较。靠左边表示左列因素重要比右列因素重要,靠右边表示右列因素重要与左列因素。如对于买车来说,您认为是车的安全性重要还是价格重要? 如果您认为车的安全性相对于价格来说略微重要,如表一;如果您认为相同重要,如表二。

（一）

	安全性	价格
安全性	1	3
价格	1/3	1

（二）

安全性	价格	
安全性	1	1
价格	1	1

课题组再次感谢您能抽空完成本次调查,再次对您的指导和帮助表以真诚的感谢,祝您身体健康,工作顺利!

一、一级指标重要性比较

	A1 学生发展	A2 教育教学	A3 教师队伍	A4 组织领导	A5 训练与竞赛
A1 学生发展	1				
A2 教育教学		1			
A3 教师队伍			1		
A4 组织领导				1	
A5 训练与竞赛					1

二、二级指标重要性比较

	B1 学生满意率	B2 学生心理与人格	B3 学生足球技能	B4 学生体质健康测试
B1 学生满意率	1			
B2 学生心理与人格		1		
B3 学生足球技能			1	
B4 学生体质健康测试				1

	B5 足球教学课程开设	B6 校园足球文化建设	B7 足球课外训练与活动
B5 足球教学课程开设	1		
B6 校园足球文化建设		1	
B7 足球课外训练与活动			1

	B8 师资情况	B9 教师培养	B10 教师考核与激励
B8 师资情况	1		
B9 教师培养		1	
B10 教师考核与激励			1

	B11 目标与规划	B12 特色学校管理	B13 自我评价与改进	B14 资源配置	B15 社会交流
B11 目标与规划	1				
B12 特色学校管理		1			
B13 自我评价与改进			1		
B14 资源配置				1	
B15 社会交流					1

	B16 校队建设	B17 校队训练开展	B18 赛事组织	B19 竞赛交流	B20 训练成效	B21 奖惩与保障
B16 校队建设	1					
B17 校队训练开展		1				
B18 赛事组织			1			
B19 竞赛交流				1		
B20 训练成效					1	
B21 奖惩与保障						1

三、三级指标重要性比较

	C1 学生对学校体育设施的满意率	C2 学生对足球教学的满意率	C3 学生对校园足球活动开展的满意率
C1 学生对学校体育设施的满意率	1		
C2 学生对足球教学的满意率		1	
C3 学生对校园足球活动开展的满意率			1

	C4 学生自尊水平合格率	C5 学生心理健康率
C4 学生自尊水平合格率	1	
C5 学生心理健康率		1

	C6 颠球	C7 往返运球	C8 踢准
C6 颠球	1		
C7 往返运球		1	
C8 踢准			1

	C9 50 米跑	C10 坐位体前屈	C11 一分钟跳绳	C12 一分钟仰卧起坐
C9 50 米跑	1			
C10 坐位体前屈		1		
C11 一分钟跳绳			1	
C12 一分钟仰卧起坐				1

	C13 体育课程设置	C14 足球课程设置	C15 校本课程开发
C13 体育课程设置	1		
C14 足球课程设置		1	
C15 校本课程开发			1

	C16 校园足球宣传与报道	C17 组织足球文化活动
C16 校园足球宣传与报道	1	
C17 组织足球文化活动		1

	C18 社团组织足球活动次数	C19 每周课余训练次数	C20 足球课外活动参与人数比
C18 社团组织足球活动次数	1		
C19 每周课余训练次数		1	
C20 足球课外活动参与人数比			1

	C21 体育教师数量	C22 足球专项教师数量	C23 外聘足球教练数量
C21 体育教师数量	1		
C22 足球专项教师数量		1	
C23 外聘足球教练数量			1

	C24 每年足球教师参与培训次数	C25 足球教师教练员等级情况
C24 每年足球教师参与培训次数	1	
C25 足球教师教练员等级情况		1

	C26 体育教师考核	C27 教师激励	C28 教师待遇保障
C26 体育教师考核	1		
C27 教师激励		1	
C28 教师待遇保障			1

	C29 足球特色学校发展理念	C30 特色学校预期目标	C31 足球阶段规划目标
C29 足球特色学校发展理念	1		
C30 特色学校预期目标		1	
C31 足球阶段规划目标			1

	C32 校内足球管理机构	C33 管理制度	C34 安全管理	C35 后勤服务
C32 校内足球管理机构	1			
C33 管理制度		1		
C34 安全管理			1	
C35 后勤服务				1

	C36 自我评价	C37 自我改进
C36 自我评价	1	
C37 自我改进		1

	C38 体育经费投入	C39 体育场地、器械使用率	C40 足球场地设施建设
C38 体育经费投入	1		
C39 体育场地、器械使用率		1	
C40 足球场地设施建设			1

	C41 家校沟通	C42 与社会(社区)的联系
C41 家校沟通	1	
C42 与社会(社区)的联系		1

	C43 人才选拔规章制度	C44 成立各级足球队数量
C43 人才选拔规章制度	1	
C44 成立各级足球队数量		1

	C45 学年组织训练频率	C46 训练计划完善程度
C45 学年组织训练频率	1	
C46 训练计划完善程度	1	

	C47 开设校内足球联赛次数与规模	C48 比赛参与人数比
C47 开设校内足球联赛次数与规模	1	
C48 比赛参与人数比		1

	C49 每年校际比赛交流次数	C50 各级联赛参与次数
C49 每年校际比赛交流次数	1	
C50 各级联赛参与次数		1

	C51 年度获奖情况	C52 人才培养与输送
C51 年度获奖情况	1	
C52 人才培养与输送		1

	C53 各级足球队队奖惩措施	C54 校园足球参与安全保障
C53 各级足球队队奖惩措施	1	
C54 校园足球参与安全保障		1

附录七

校园足球开展现状调查表

尊敬的领导/老师：

您好！

首先感谢您的热忱，我是《基于"全面质量管理"的校园足球绩效评价研究》课题组成员，现正进行校园足球绩效评价方面进行研究。本次问卷是针对所建立的基于"全面质量管理"的校园足球绩效评价指标体系选择该地区做实证研究，请您根据本地区校园足球开展的实际情况，对每个指标进行评判。

在此对您贡献的智慧和对我们研究工作的大力支持，表示衷心的感谢！

《基于"全面质量管理"的校园足球绩效评价研究》课题组

天津体育学院

一、您个人的基本情况

1. 性别：＿＿＿＿＿＿＿＿

2. 年龄：＿＿＿＿＿＿＿＿岁

3. 职务／职称：＿＿＿＿＿＿＿＿＿＿＿＿

4. 工作单位：＿＿＿＿＿＿＿＿＿＿＿＿＿＿＿＿＿

二、问卷填写

填写方式：请您根据本地区校园足球开展的实际情况对每个评价指标进行判断，在相应的空格内划"√"即可。

指标	评语				
	很好	好	一般	差	很差
C1 学生对学校体育设施的满意率					
C2 学生对足球教学的满意率					
C3 学生对校园足球活动开展的满意率					
C4 学生自尊水平合格率					
C5 学生心理健康率					
C6 颠球					
C7 往返运球					
C8 踢准					
C9 50 米跑					
C10 坐位体前屈					
C11 一分钟跳绳					
C12 一分钟仰卧起坐					
C13 体育课程设置					
C14 足球课程设置					
C15 校本课程开发					
C16 校园足球宣传与报道					
C17 组织足球文化活动					
C18 社团组织足球活动次数					
C19 每周课余训练次数					
C20 足球课外活动参与人数比					
C21 体育教师数量					
C22 足球专项教师数量					
C23 外聘足球教练数量					

指标	评语				
	很好	好	一般	差	很差
C24 每年足球教师参与培训次数					
C25 足球教师教练员等级情况					
C26 体育教师考核					
C27 教师激励					
C28 教师待遇保障					
C29 足球特色学校发展理念					
C30 特色学校预期目标					
C31 足球阶段规划目标					
C32 校内足球管理机构					
C33 管理制度					
C34 安全管理					
C35 后勤服务					
C36 自我评价					
C37 自我改进					
C38 体育经费投入					
C39 体育场地、器械使用率					
C40 足球场地设施建设					
C41 家校沟通					
C42 与社会(社区)的联系					
C43 人才选拔规章制度					
C44 成立各级足球队数量					
C45 学年组织训练频率					
C46 训练计划完善程度					
C47 开设校内足球联赛次数与规模					
C48 比赛参与人数比					
C49 每年校际比赛交流次数					
C50 各级联赛参与次数					
C51 年度获奖情况					
C52 人才培养与输送					
C53 各级足球队奖惩措施					
C54 校园足球参与安全保障					

此次问卷填写到此结束,再次感谢您的大力帮助!

附录八

全国青少年校园足球八大体系建设行动计划

为深入贯彻习近平同志关于发展好青少年足球的重要指示和全国教育大会精神,深化落实《中国足球改革发展总体方案》《教育部等 6 部门关于加快发展青少年校园足球的实施意见》,巩固和完善校园足球工作制度体系,推进校园足球工作治理体系和治理能力现代化,制定本计划。

一、总体要求

1. 意义

发展青少年校园足球是党中央、国务院作出的战略部署,是落实立德树人根本任务的育人工程,是提高中国足球普及程度和竞技水平的基础工程,是全面推进学校体育综合改革、推进体教融合深度发展的探路工程。对弘扬社会主义核心价值观,培养学生爱国主义、集体主义精神和奋发向上、顽强拼搏的意志品质,实现学校体育"享受乐趣、增强体质、健全人格、锤炼意志"目标具有重要意义。

2. 指导思想

以习近平新时代中国特色社会主义思想为指导,全面贯彻党的十九大和十九届二中、三中、四中全会精神,落实全国教育大会精神,把校园足球改革发展作为深化教育改革,建设健康中国、体育强国和人力资源强国的重要举措,形成政府主导、学校主体、行业指导、社会参与的新时代中国特色校园足球制度体系和治理体系。

3. 基本原则

坚持立德树人、改革创新、遵循规律、依法治理、问题导向和统筹协调原则,做到科学谋划、有序推进、持续用力、久久为功。

4. 工作目标

到 2022 年,全国青少年校园足球普及推广、教学训练、竞赛联赛、师资条件、体教融合、宣传引导等体系更加完善,管理体系、制度体系、评价机制、条件保障更加健全。力争为每所校园足球特色学校培训至少一名具有中国足协 D 级或同等水平教师或教练员;力争每所校园足球特色学校均建有 1 块以上足球场地,有条件的高等院校均建有 1 块以上标准足球场地;校园足球特色学校学生体质健康合格率达到 95% 以上,中小学生经常参加足球运动人数超过 3000 万。

二、主要任务

1. 精心布局、夯实校园足球推广体系

各级校园足球工作领导小组办公室要加强组织管理,坚持普及与提高并重,推动地区、城乡和男女青少年校园足球优质均衡发展。普及重心下移到幼儿园,开展以培养兴趣为主的足球启蒙教育,不断夯实已遴选认定的足球特色幼儿园和校园足球特色学校发展基础,科学制订创建规划。完善高校高水平足球运动队建设指导意见,重点统筹招生、教学、训练、竞赛和条件保障等。制定统一的青少年足球人口标准,做好运动员在校园足球与中国足协的共同注册工作。建立校园足球普及与教育精准扶贫相结合的机制,引进国际足联和社会力量,大力支持以"三区三州"为重点的深度贫困地区和中西部地区校园足球发展,促进教育优质均衡发展。把校园足球制度体系和治理体系逐渐推广到校园篮球、排球、冰雪运动、武术、田径、体操、游泳、机器人运动和网球等项目上,形成完备的学校体育工作制度体系和治理体系。

2. 全面发力、健全校园足球教学体系

在教会和学会上下功夫,推进校园足球教学改革。参与中国足协青少年训练大纲的讨论和研究,在科学吸纳中国足协青少年训练大纲的内容基础上,促进教学内容、条件和线上线下教育资源等衔接配套,形成内容丰富、形式多样、因材施教的校园足球教学体系。促进互联网、大数据、人工智能等技术与校园足球教学深度融合。促进文化学习与足球技能共同发展,推动思政课程融入校园足球教学,学生普遍掌握足球运动技能,运动能力和足球技战术水平明显提高,规则意识、爱国主义和集体主义精神显著增强。强化足球师资培养培训,建立线上线下相结合的校园足球师资培训体系,开发培训课程,制订等级考核评定机制,增强教学针对性和实效性。共享教体资源,制订考培官、讲师的遴选和等级考核办法。校园足球管理部门与中国足协共同研究、制定、完善国家资助足球教师和精英青少年教练员赴海外留学选拔、培训制度和考核办法,建立跟踪机制和继续培训机制。加快推进新型足球学校、足球相关专业院校和学科专业建设。以培养体育教育和足球专项师资为目标,高校足球专业学生在校期间参与校园足球训练、裁判工作并经中国足协等级教练员培训和考核、裁判员等级培训和考核,毕业时可获得相应等级教练员或裁判员资格。

3. 示范引领、打造校园足球样板体系

加快推进中国特色青少年足球后备人才培养体系建设。整合教育、体育、足协、职业俱乐部及国内外相关优质资源,加快推进国家级"满天星"训练营建设,着力实现配备高水平教练、实施高水平教学、开展高水平训练、组织高水平竞赛、落实高水平保障、强化高水平管理,示范引领校园足球工作全面提质增效。健全"满天星"训练营共建机制,社会力量有序参与建设,为区域内校园足球教师和教练员提供培训,指导教学、训练和竞赛的开展。各地要建立省、市、区级校园足球训练营,组织区域内有潜质的校园足球学生运动员在课余、周末和节假日进行高水平足球训练和竞赛,促进校园足球高水平运动员不断涌现。定期组织各年龄

段全国最佳阵容集训,建立与足协精英青少年训练营和职业俱乐部青少年梯队的合作、共建机制,组建多组别校园足球精英集训队,校园足球精英集训队的优秀球员积极参加中国足协组织的精英青少年训练营。不断完善校园足球多层次、立体化、科学化的课余训练体系,畅通"校园足球特色学校—'满天星'训练营—校园足球精英集训队—中国足协精英青少年训练营—中国足协各年龄段国家队"运动员的训练、发展与成长通道。

4. 严格管理、做强校园足球竞赛体系

深化建设校内竞赛—校际联赛—选拔性竞赛—国际交流比赛为一体的竞赛体系。确保校园足球特色学校班班有球队,定期组织比赛,通过年级联赛组建各个年龄组的男女代表队。进一步完善小学、初中、高中和大学联赛、选拔性竞赛和夏(冬)令营活动。在全国最佳阵容的基础上,形成各组别校园足球精英集训队选拔和建队机制,不断完善校园足球与青训体系同年龄组竞赛选拔机制。国家体育总局、中国足协在技术保障、教练员配备等方面,支持校园足球精英队参加世界中学生运动会、国际大学生体育联合会足球世界杯等国际性校园足球赛事。具有高校高水平足球运动队招生资格的院校需组建男女足球队参加全国青少年校园足球工作领导小组办公室规定的全国性比赛,实行升降级制,并逐步试行比赛成绩与高水平运动队招生计划相挂钩。推动各地建设城市内青少年统一的联赛体系。建立校园足球竞赛管理平台,对各地的竞赛活动进行实时统计和报道。与体育总局、中国足协共商一体化、开放性竞赛和训练体系,教育部、体育总局、中国足协相互支持校园及足协、体育部门组织的训练营和竞赛活动,形成教育、体育、足协、社会足球青训大系统。共同发布青少年赛事赛历,积极组织符合条件的校园足球队伍参加青超联赛、女乙联赛等赛事。在中国足协注册的在校学生参加校园足球相应组别的赛事。制定符合国情的学校学生运动员和运动队管理规范。严肃赛风赛纪,完善竞赛规则和奖惩规定,健全监督、执法和仲裁机制,加强校园足球组织、俱乐部、从业人员诚信自律守则,依法查处违法犯罪行为。

5. 统筹协调、形成校园足球融合体系

完善全国青少年校园足球工作领导小组成员单位例会制度,加快推进工作对接和资源共享,发挥各自优势,深化体教融合。加快推进校园足球与青训体系"一体化设计、一体化推进"合作格局。合力在国民教育体系中通过足球教学、训练和竞赛探索培养优秀足球竞技人才。积极鼓励有较好足球运动技能和水平学生向职业体育发展,拓宽校园足球学生运动员进入省(区、市)、国家等各级足球后备人才梯队、国内外职业足球俱乐部的通道,建立健全教育、体育和社会相互衔接的人才输送机制。建立和完善校园足球与足协或职业俱乐部运动员流动和逐级反哺机制。完善退役运动员、优秀教练员、社会体育指导员、有体育特长的社会人员兼职校园足球教师制度。加强国际交流,搭建国内外相关足球组织、机构和部门有序参与、协同推进校园足球健康发展的格局。

6. 激励创新、构建校园足球荣誉体系

进一步调动学校、学生、家长和地方政府、企事业单位及社会各界参与、支持校园足球的

积极性。各地要结合实际制订校园足球特色学校学生贯通培养的具体办法,进一步完善各学段优秀校园足球运动员升学政策,不断畅通校园足球人才成长通道。每年选拔品学兼优、有潜质的校园足球学生运动员到国外接受培训和学习。完善高校高水平足球队选拔机制。保障一线体育教师、足球教练在职称晋升、评优评先、薪酬等方面的合理待遇。建立和完善校园足球教师和教练员超课时训练、带队比赛工作量认定政策,作为绩效工资分配的重要参考。完善校园足球年度报告制度,每年编辑出版《全国青少年校园足球发展报告》。每年举行校园足球年度工作总结活动,对相关政府、组织、企业和个人为校园足球发展做出的突出贡献进行认定,其中一线体育教师、足球教练在职称晋升、评优评先等方面予以倾斜。

7. 攻坚克难、搭建校园足球科研体系

强化学科交叉融合,围绕校园足球关键领域和重点环节,培育一批专业功底扎实的校园足球专家。不断规范和完善全国青少年校园足球专家委员会管理,强化智库支撑。鼓励开展基础性、前沿性、探索性创新研究。积极吸纳社会力量支持,构建政府主导、社会有序参与的高水平科研平台,围绕青少年足球发展的关键领域和重点环节设立研究项目,逐步形成特色鲜明的中国青少年校园足球科研体系。

8. 强化导向、完善校园足球舆论宣传引导体系

加强校园足球政务信息数据服务平台和公共服务平台建设。依托全国校园足球暨体卫艺官方公众号建好全国青少年校园足球新媒体中心。各省级校园足球工作领导小组办公室要积极与当地相关专业院校或机构合作,共建校园足球新媒体工作站,共同构建层级分明、职责清晰的全媒体矩阵;与宣传主管部门和新闻媒体建立及时、有效的沟通渠道,主动回应社会各方面对校园足球的关切和建议。鼓励电视媒体直播或转播校园足球赛事,组织创作一批青少年喜闻乐见的动漫、纪录片及文学影视作品,传播校园足球好声音,讲述校园足球好故事,扭转急功近利和锦标主义倾向,弘扬健康向上的价值观,营造健康的足球文化氛围。

三、保障措施

1. 加强组织领导

强化全国青少年校园足球工作领导小组的统筹协调作用,形成科学高效的校园足球治理体系,推进各级政府和相关部门落实落细校园足球政策。各级校园足球工作领导小组要制定工作制度,强化统筹指导,完善校园足球事业发展的多元化投入机制,鼓励各地通过政府购买服务等多种方式加大支持校园足球发展的力度。

2. 健全考核评价

健全各级校园足球工作考核评价机制,统筹设计好"指挥棒",完善校园足球管理监督体系,加强调研和检查,充分调动和激发各地抓实抓好校园足球工作的积极性。

3. 完善保障机制

各地相关部门要完善校内外足球运动安全管理制度,落实安全责任制,加强运动风险教

育,提高安全意识和风险防范能力。探索建立涵盖体育意外伤害的学生综合保险机制。引导社会力量支持校园足球发展,加强足球场地、设施的维护管理,支持基础性、公益性足球场地设施建设。

4.健全统计机制

加强校园足球场地设施数据收集汇总工作,全面准确掌握校园足球场地数量、类型、分布等基本情况,切实加强动态调整、确保数据准确。

各地要根据实际情况,制定相应制度文件,加大推进力度,并将相关工作情况报全国青少年校园足球工作领导小组办公室。

附录九

全国青少年校园足球改革试验区基本要求(试行)

为全面贯彻党的教育方针,深入贯彻落实《中国足球改革发展总体方案》和《教育部等6部门关于加快发展青少年校园足球工作的实施意见》,规范全国青少年校园足球改革试验区校园足球工作,推动全国青少年校园足球改革试验区积极完善校园足球八大发展体系,制定本要求。

一、精心布局,夯实普及推广体系

建立和完善本地区全国青少年校园足球工作组织领导和工作推进机制,统筹推进本地区校园足球工作。成立本地区青少年校园足球工作领导小组及其办公室,充实工作人员,切实加强组织建设。制订本地区校园足球工作规章制度和实施方案。加大政策保障和经费支持力度,逐年增加本地区青少年校园足球专项资金,做到专款专用,保障教学、竞赛和活动经费,优化区域内足球教育资源配置,支持学校与科研院所、社会组织、企业等深入合作。

推广校园足球要坚持普及与提高质量并重,在已构建的"特色学校＋高校高水平足球运动队＋试点县(区)＋改革试验区＋'满天星'训练营"五位一体立体推进格局中蹄疾步稳推进校园足球改革发展。以普及性的足球教育培养广大青少年浓郁的足球兴趣,营造良好的足球文化氛围。加强对区域内全国和各级校园足球特色学校的指导与监管力度,实施建设质量复核制度,建立退出机制。在区域内现有全国和各级校园足球特色学校的基础上,积极推动非校园足球特色学校创建全国和各级校园足球特色学校,制定标准、体现特色、形成模式、凝练经验。根据世界足球强国在儿童5岁左右就开始足球启蒙教育的普遍情况,进一步下移普及重心,积极将足球运动向幼儿园延伸。

大力开展校园足球普及教育活动,组织开展本地区校园足球文化节等相关活动,加强足球知识宣传和足球文化教育,提升学生体质健康水平,发展学生核心素养。加强对区域内各类校园足球比赛的宣传推广,提高全社会的关注度和参与度,营造浓厚的校园足球文化氛围。

二、全面发力,健全教学训练体系

搭建科学规范、衔接有序的教学体系。在区域内学校全面落实国家体育与健康课程标准规定的体育与健康课时要求,在区域内所有全国和各级校园足球特色学校落实每周面向全体学生开设 1 节足球课的基本要求,条件具备的学校可以每周开设 2 节足球课。全国和各级校园足球特色学校的足球教学要严格落实《全国青少年校园足球教学指南》,创造条件进一步丰富校园足球课程,切实提高足球教学质量和水平。加强教体资源共享,拓宽渠道让教练员、运动员、退役运动员进入校园,进一步发现、推荐、培养优秀足球人才,开展科学化训练。

科学规划,合理布局,在区域内建设若干校园足球"满天星"训练营并不断完善组织体系和运行模式,进一步完善以学区为单位的校园足球课余、周末和节假日训练体系,以完善的课余训练体系促进有潜质的学生提高足球运动技能。引入竞争机制,建立校园足球"满天星"训练营运动员比赛选拔机制。不断完善校园足球多层次、立体化的课余训练体系,切实提高校园足球学生运动员的运动技能和竞技水平。

拓宽途径,加大足球师资队伍建设力度,充实学校体育教师和校园足球"满天星"训练营师资团队。强化体育教师足球专项技能培养培训,加强体育教师和足球教练员交流。通过政府购买服务方式,鼓励支持社会力量参与校园足球"满天星"训练营的组织运营。选聘、组建高质量的校园足球外籍教练团队,参与校园足球"满天星"训练营的教学、训练和比赛指导。

整合资源,推动区域内足球场地建设力度,盘活现有足球场地设施资源,着力实现教育系统、体育系统足球场地资源共建共享。

加强校园足球运动员安全教育,推动中小学生和家长树立安全风险意识和法治意识,建立政府、学校和家庭三方安全防范和风险共担机制。探索为参加校园足球运动的学生购买足球运动意外伤害保险。加强政府统筹和部门联动,完善足球运动意外伤害处理流程,做好校园足球风险防范工作。

三、严格管理,做强竞赛体系

深化区域内"校内竞赛—校际联赛—选拔性竞赛—出国交流比赛"为一体的竞赛体系,以赛促训、以赛提质。确保校园足球特色学校有班级联赛,班班有球队,周周有比赛,通过年级联赛组建各个年龄组的学校代表队。幼儿园组织各地的展示活动。在校内联赛的基础上,进一步完善小学、初中、高中和大学联赛。在联赛的基础上进一步完善选拔性竞赛和夏令营。形成完整的选拔性竞赛体系,选拔区域内校园足球最佳阵容。严格赛风赛纪,实现校园足球立德树人的根本任务和使命,营造风清气正的竞赛环境。出台明确规定,规范涉及校园足球队员参与的赛事活动,确保校园足球竞赛活动的有序开展。

四、示范引领,打造样板体系

选聘高水平教练作为区域内的校园足球首席专家,带动区域内所有的校园足球教师和教练员组建校园足球技战术体系。积极申报和创建全国青少年校园足球"满天星"训练营。充分考虑区域内发展的基础条件及未来发展的规划,从实际出发、量力而行、注重引导,充分发挥各类试点的示范引领作用,创新足球人才培养模式,带动区域内校园足球的全面推进和发展,为全国提供可复制、可推广的有益经验。

五、激励创新,构建荣誉体系

根据每一个学生参与足球教学、训练和竞赛的时间和实际技术水平,完善校园足球学生运动技能等级标准,打通各个学段的升学通道。要根据学生的等级认定情况和校园足球工作开展情况,对相关的县(市)长、教育局局长、教师、教练员、参与的企业进行相关的荣誉认定,构建完善的校园足球荣誉体系。每年举行校园足球年度庆典,大力宣传表彰校园足球相关人员,受表彰奖励人员,特别是一线体育教师、足球教练在职称、待遇等方面要有相应的体现,进一步调动基层开展校园足球的积极性。

六、精诚合作,合力形成一体化推进体系

进一步加强本地区校园足球工作领导小组各个部门的协同配合,在场地规划、师资培训、社会支持等方面形成合力。特别是教育和体育部门要进一步推进工作对接和资源共享,在发挥各自优势和特长的基础上,加快推进校园足球与青训体系"一体化设计,一体化推进,自成体系,相互支撑"的合作格局。两者既要有对接、有协作,也要有侧重、有分工;既要全力服务中国足球改革发展的总体目标,也要充分考虑青少年的全面可持续发展。要搭建社会相关组织、机构和部门有序参与、通力合作、协同推进校园足球健康发展的格局。继续发挥好举国体制优势,又要在国民教育体系中通过体育课、课余训练和校园体育竞赛开辟一条培养优秀足球竞技人才的新路径、新通道。积极鼓励有较好运动技能和水平的高中生、大学生向职业体育发展。

七、攻坚克难,搭建科研体系

提高校园足球水平,必须尊重体育运动规律和青少年成长规律,破除一些思想上、观念上的误区。要回答好每天锻炼一小时,每周踢一场比赛会不会影响到学习成绩的问题;要回答好如何根据青少年身体素质完善教学训练方法和技战术体系,解决中国孩子会踢球不会比赛、对抗能力差、场上位置感不强等问题;要研究学习与踢球的关系,科学安排文化教育与训练竞赛,确保学生既能学好文化知识,又能不断提高运动技能,切实为青少年运动员的文化知识教育和终身职业发展负责,争取家长支持。研究如何构建校园足球与职业足球、专业足球青训体系自成体系、融合发展等问题。高水平、高层次足球比赛是整个足球体系的竞争。充分发挥本地区校园足球专家委员会的智库作用,不断提高校园足球科学化水平。

八、树立导向,完善舆论宣传引导体系

校园足球的健康发展,离不开健康的舆论环境。每年编辑发布本地区青少年校园足球

发展报告,向全社会公开有关工作进展,主动接受各方面监督。在舆论宣传方面与宣传主管部门和新闻媒体建立更及时、更有效的沟通渠道。在加大典型宣传的同时,引导媒体客观看待、平衡报道校园足球工作中存在的不足和短板。主动回应社会各方面对校园足球的关切和建议。构建全媒体宣传矩阵,传播校园足球好声音,讲好校园足球故事。

附录十

全国青少年校园足球试点县(区)基本要求(试行)

为深入贯彻落实《中国足球改革发展总体方案》和《教育部等 6 部门关于加快发展青少年校园足球工作的实施意见》,推动全国青少年校园足球试点县(区)校园足球工作规范有序发展,制定本要求。

一、加强组织领导

第一,落实国家政策,加强区域统筹,纳入发展规划。全国青少年校园足球试点县(区)所在地党委和人民政府要加强对校园足球工作的组织领导、统筹和协调,将校园足球工作纳入县(市、区)经济社会发展规划和年度工作要点并严格落实,高度重视学校体育工作和学生体质健康,按照国家体育与健康课程标准等有关规定,加大政策保障和经费支持力度,优化足球教育资源配置,积极与足球相关的科研院所、社会组织、企业等深入合作,建立全国青少年校园足球试点县(区)校园足球专家资源库。

第二,健全工作机制,完善规章制度。建立全国青少年校园足球试点县(区)所在地党委和人民政府领导、相关部门共同参与的校园足球工作领导小组,统筹推进本地区校园足球工作。全国青少年校园足球试点县(区)所在地党委和人民政府应制定完善的校园足球工作组织实施、招生、教学管理、课余训练和竞赛、运动安全防范、师资培训培养、督导检查等方面的规章制度和工作制度。区域内的全国青少年校园足球特色学校数应占本地区中小学总数的60%以上。

第三,深入推广普及,探索有益经验。体现试点县(区)特色、制定试点县(区)标准、形成试点县(区)模式、凝练试点县(区)经验。加大对校园足球工作的支持,深化本地区全国和各级校园足球特色学校建设,推动校园足球工作创新开展,促进学生身心健康全面发展,营造全社会关心、重视和支持足球人才培养和校园足球工作的良好氛围,提升试点县(区)校园足球工作的整体质量和水平,积极为国家培养优秀足球后备人才。

二、完善条件保障

第一,配齐配强体育师资,落实体育教师待遇。在核定编制总量内配齐本地区学校体育教师,满足本地区学校体育教学工作需求,确保本地区每个学校至少有 1 名足球专项体育教师。每年为区域内的学校体育教师和校园足球教练员提供 1 次以上的专业培训,推动本地区教研部门深入开展学校体育教育教学研究,不断提高学校体育教师教学技能。区域内的体育教师开展体育教学、足球训练和比赛等工作计入工作量。保证学校体育教师在评优评先、工资待遇、职务评聘等方面与其他学科教师享受同等待遇。

第二,场地设施完备,体育经费保障充足。区域内的学校体育场地设施、器械配备达到国家标准,满足学校体育工作的基本需求,根据每年实际情况不断补充和更新学校体育教育教学设施。区域内建设有一定数量的学校足球场地,足球训练和竞赛器材数量充足。设立本地区学校体育和校园足球工作专项经费,纳入当地政府年度预算,保证本地区学校体育和校园足球工作能够正常开展。在实施校方责任险的同时,通过多种渠道为学生购买运动意外伤害保险。

三、打牢、做实校园足球发展体系

第一,教育理念先进。积极深化本地区学校体育改革发展,坚持"健康第一"的理念,把校园足球工作作为教育立德树人的重要载体,积极推进和发展素质教育,促进学生身心健康、全面发展。

第二,保证体育课和体育活动时间。按照国家要求,区域内所有学校开足开齐体育与健康课程,保证区域内所有学生每天一小时校园体育活动时间。区域内的全国和各级校园足球特色学校把校园足球作为体育课的必修内容,每周用1节体育课进行足球教学,区域内的全国和各级校园足球特色学校把足球运动纳入大课间或课外活动。

第三,开展科学训练。区域内的全国和各级校园足球特色学校应制定系统、科学的训练计划,常年开展课余足球训练,注重提高训练效益,有安全应急、医疗等应急方案。积极邀请校外专业足球教练员进学校提供专业技术指导。

第四,完善竞赛制度。不断完善区域内的全国和各级校园足球特色学校竞赛制度。每年组织开展本地区的校园足球联赛。

第五,支持学生发展。积极鼓励本地区有天赋、有潜力的学生足球运动员参与校外足球训练、培训和比赛,积极向各级各类足球优秀运动队输送人才,为当地学生提高足球竞技水平和运动能力积极创造条件。制定校园足球高水平人才入学升学扶持政策。打通区域内注册运动员入学升学通道。将校园足球运动员注册定级情况纳入学生综合素质评价体系,建立校园足球特色学校小学、初中、高中对接招生机制,实施注册运动员与校园足球特色学校双向选择入学管理办法,为优秀足球人才成长、发展和储备创设政策机制。

第六,成立足球组织。区域内的全国和各级校园足球特色学校应成立足球俱乐部或兴趣小组,吸纳有兴趣的学生参与足球活动。小学三年级以上建有班级代表队、年级代表队,学校建有校级男子和女子足球代表队。基本达到学生全员参与足球运动。

第七,营造校园足球文化。加强校园足球文化建设,大力开展足球普及教育活动,设立试点县(区)校园足球文化节,加强足球知识宣传和足球文化教育,提升学生体质健康水平,培育发展学生核心素养。宣传推广本地区各级校园足球比赛,提高全社会的关注度和参与度,营造浓厚的校园足球文化氛围。搭建青少年足球对外交流、竞技和展示平台,树立试点县(区)校园足球品牌形象。积极推动区域内的全国和各级校园足球特色学校经常开展以足球为主题的摄影、绘画、征文、演讲等校园文化活动。积极推动区域内全国和各级校园足球特色学校组织开展校园足球联赛。

附录十一

全国青少年校园足球特色学校复核指标体系

复核指标	主要观测点	复核内容与分值	分值分配	得分
组织领导(10分)	落实国家政策,将校园足球纳入学校发展规划(4分)	学校体育指导思想明确,重视学校体育和学生体质健康工作,把校园足球作为增强学生体质健康的重要举措(1分),将校园足球纳入学校发展规划和年度工作计划(1分),有校园足球发展目标及规划并符合学校实际(2分)。	4	
	健全工作机制(2分)	成立校园足球工作领导小组,由校长专人负责,学校其他机构共同参与(1分),领导小组成员分工明确(1分)。	2	
	完善规章制度(4分)	制定有校园足球工作招生、教学管理规章制度(1分)、课余训练和竞赛规章制度(1分)、运动安全防范措施与保障(1分)、师资培训规章制度(1分)。	4	
条件保障(27分)	体育师资队伍(7分)	体育教师配备达到国家标准(2分),足球专项教师大于3、2、1人(含)以上(分别给4、3、2分),每年有一次以上培训机会(1分)。	7	
	体育教师待遇(4分)	体育教师开展体育教学和足球训练及活动计入工作量(2分),并保证在评优评比与工资待遇(1分)、职务评聘(1分)等方面享受同等待遇。	4	
	场地设施建设(10分)	场地设施、器械配备达到国家标准(3分),并建设有11、7、5人制的足球场地(分别给5、4、3分),能满足教学和课余足球训练需要,足球器材数量齐备、并有明确的补充机制(2分)。	10	
	体育经费投入(6分)	设立有体育工作专项经费,每年生均体育经费不低于生均公用经费的10%(3分),能为学生购买有校方责任险(1分),并为学生新增购买运动意外伤害险(2分)。	6	
教育教学(30分)	教学理念(5分)	深化学校体育改革,坚持健康第一,每学年《国家学生体质健康标准》测试率达到100%(2分),把足球作为立德树人的载体,积极推进素质教育(1分),促进学生全面发展,健康成长,《国家学生体质健康标准》测试率优良率达到30%(2分)。	5	

复核指标	主要观测点	复核内容与分值	分值分配	得分
	体育课时（10分）	开足开齐体育课（1～4年级每周4学时,3～6年级每周3学时,7～9年级每周3学时,9～12年级每周2学时）（3分）,义务教育阶段把足球作为体育课必修内容（2分）,每周每班不少于一节足球教学课（3分）,高中阶段学校开设足球选修课（1分）,每天安排有体育大课间活动（1分）。	10	
	足球课程资源（8分）	开发和编制有足球校本教材（3分）,有详细的足球教学教案（2分）,每周实施适合学生年龄特点的足球教学和课外活动3、2、1次（分别给3、2、1分）。	8	
	校园足球文化（7分）	每学年有4、3、2、1次足球主题校园文化活动（如摄影、绘画、征文、演讲等）（分别给4、3、2、1分）,建立有校园足球信息平台（1分）,动态报道足球活动、交流工作经验、展示特色成果（2分）。	7	
训练与竞赛（30分）	足球社团组织（8分）	学校成立足球俱乐部或兴趣小组（2分）,小学三年级以上建有班级代表队（1分）、年级代表队（1分）,学校建有校级男足球代表队（1分）、女队（1分）,学生基本达到全员参与足球（2分）。	8	
	开展训练（10分）	学校足球代表队和课外足球俱乐部制定有系统、科学的训练计划（2分）,每周开展课余足球训练4、3次（分别给3、2分）,并配备有安全、医疗等应急方案（1分）,每学期邀请校外专业教练员提供技术指导不少于5、4、3、2次（分别给4、3、2、1分）。	10	
	组织竞赛（8分）	制订有足球竞赛制度（1分）;每年组织校内足球班级联赛（2分）,每个班级参与比赛场次每年不少于10、5场（分别给2、1分）,积极参加区域内校园足球联赛（2分）;承办本地足球比赛次（1分）。	8	
	文化学习（4分）	对学校足球代表队运动员参加训练、比赛,制定有具体的文化学习计划和要求（2分）,其文化学习成绩达到同年级平均水平（2分）。	4	
后备人才培养（3分）	输送优秀学生运动员（3分）	近年向上一级学校足球运动队输送优秀人才不少于3、2、1名（分别给3、2、1分）。	3	
总得分				
一票否决		1. 未能确保每周一节足球课 2.《国家学生体质健康标准》优良率连续两年下降 3. 未开展校内班级联赛活动		

附录十二

全国青少年校园足球试点县(区)复核指标体系

复核指标	主要观测点	复核内容与分值	分值分配	得分
组织领导 (30分)	落实国家政策,加强区域统筹,纳入发展规划 (10分)	将校园足球工作纳入县(市、区)经济社会发展规划(1分)和年度工作要点(1分)并严格落实(2分)	10	
		高度重视学校体育工作和学生体质健康,按照国家体育与健康课程标准等有关规定,加大政策保障(2分)和经费支持力度(2分),优化足球教育资源配置		
		积极与足球相关的科研院所、社会组织、企业等深入合作(1分),建立全国青少年校园足球试点县(区)校园足球专家资源库(1分)		
	健全工作机制,完善规章制度 (10分)	建立全国青少年校园足球试点县(区)所在地党委和人民政府领导(2分),相关部门共同参与(2分)的校园足球工作领导小组,统筹推进本地区校园足球工作	10	
		全国青少年校园足球试点县(区)所在地党委和人民政府应制定完善的校园足球工作组织实施、招生、教学管理、课余训练和竞赛、运动安全防范、师资培训培养、督导检查等方面的规章制度(2分)和工作制度(1分)		
		区域内的全国青少年校园足球特色学校数应占本地区中小学总数的60%以上(3分)		
	深入推广普及,探索有益经验 (10分)	体现试点县(区)特色、制定试点县(区)标准、形成试点县(区)模式、凝练试点县(区)经验(3分)	10	
		加大对校园足球工作的支持(2分),深化本地区全国和各级校园足球特色学校建设,推动校园足球工作创新开展(2分)		
		促进学生身心健康全面发展,营造全社会关心、重视和支持足球人才培养和校园足球工作的良好氛围,提升试点县(区)校园足球工作的整体质量和水平(2分),积极为国家培养优秀足球后备人才(1分)		

复核指标	主要观测点	复核内容与分值	分值分配	得分
条件保障 (30分)	配齐配强体育师资(5分)	在核定编制总量内配齐本地区学校体育教师(2分),满足本地区学校体育教学工作需求,确保本地区每个学校至少有1名足球专项体育教师(3分)	5	
	加强体育教师培训(5分)	每年为区域内的学校体育教师(2分)和校园足球教练员(2分)提供1次以上的专业培训,推动本地区教研部门深入开展学校体育教育教学研究(1分),不断提高学校体育教师教学技能	5	
	落实体育教师待遇(7分)	区域内的体育教师开展体育教学(1分)、足球训练和比赛(2分)等工作计入工作量。保证学校体育教师在评优评先(1分)、工资待遇(1分)、职务评聘(2分)等方面与其他学科教师享受同等待遇	7	
	场地器材完备(6分)	区域内的学校体育场地设施、器械配备达到国家标准,满足学校体育工作的基本需求,根据每年实际情况不断补充和更新学校体育教育教学设施(2分)	6	
		区域内建设有一定数量的学校足球场地(2分),足球训练和竞赛器材数量充足(2分)		
	体育经费保障充足(7分)	设立本地区学校体育和校园足球工作专项经费(2分),纳入当地政府年度预算,保证本地区学校体育和校园足球工作能够正常开展(3分)	7	
		在实施校方责任险的同时,通过多种渠道为学生购买运动意外伤害保险(2分)		
推进措施 (40分)	教育理念先进(5分)	积极深化本地区学校体育改革发展,坚持"健康第一"的理念(2分),把校园足球工作作为教育立德树人的重要载体,积极推进和发展素质教育,促进学生身心健康、全面发展(3分)	5	
	保证体育课和体育活动时间(10分)	按照国家要求,区域内所有学校开足开齐体育与健康课程(3分),保证区域内所有学生每天一小时校园体育活动时间(2分)	10	
		区域内的全国和各级校园足球特色学校把校园足球作为体育课的必修内容(2分),每周用1节体育课进行足球教学(2分),区域内的全国和各级校园足球特色学校把足球运动纳入大课间或课外活动(1分)		

续表

复核指标	主要观测点	复核内容与分值	分值分配	得分
	开展科学训练(5分)	区域内的全国和各级校园足球特色学校应制定系统、科学的训练计划(1分),常年开展课余足球训练(1分),注重提高训练效益,有安全应急、医疗等应急方案(1分)	5	
		积极邀请校外专业足球教练员进学校提供专业技术指导(2分)		
	完善竞赛制度(6分)	不断完善区域内的全国和各级校园足球特色学校竞赛制度(2分)	6	
		每年组织开展本地区的校园足球联赛(4分)		
	支持学生发展(7分)	积极鼓励本地区有天赋、有潜力的学生足球运动员参与校外足球训练、培训和比赛,积极向各级各类足球优秀运动队输送人才,为当地学生提高足球竞技水平和运动能力积极创造条件(2分)	7	
		制定校园足球高水平人才入学升学扶持政策(1分),打通区域内注册运动员入学升学通道(1分)		
		将校园足球运动员注册定级情况纳入学生综合素质评价体系(1分),建立校园足球特色学校小学、初中、高中对接招生机制,实施注册运动员与校园足球特色学校双向选择入学管理办法(1分),为优秀足球人才成长、发展和储备创设政策机制(1分)		
	成立足球组织(3分)	区域内的全国和各级校园足球特色学校应成立足球俱乐部或兴趣小组,吸纳有兴趣的学生参与足球活动(1分),小学三年级以上建有班级代表队、年级代表队(1分),学校建有校级男子和女子足球代表队(1分)	3	
	营造校园足球文化(4分)	加强校园足球文化建设,大力开展足球普及教育活动,设立试点县(区)校园足球文化节(1分),加强足球知识宣传和足球文化教育,提升学生体质健康水平,培育发展学生核心素养	4	
		宣传推广本地区各级校园足球比赛,提高全社会的关注度和参与度,营造浓厚的校园足球文化氛围(1分)		
		搭建青少年足球对外交流、竞技和展示平台,树立试点县(区)校园足球品牌形象(1分)		
		积极推动区域内的全国和各级校园足球特色学校经常开展以足球为主题的摄影、绘画、征文、演讲等校园文化活动,积极推动区域内全国和各级校园足球特色学校组织开展校园足球联赛(1分)		
总得分				

附录十三

全国青少年校园足球改革试验区复核指标体系

复核指标	主要观测点	复核内容与分值	得分
组织领导（15分）	完善规章制度（6分）	1. 制定本地区校园足球工作规章制度和实施方案（1分）	
		2. 制定有校园足球工作招生、教学管理规章制度（1分）	
		3. 制定有校园足球课余训练和竞赛规章制度（1分）	
		4. 制定有校园足球运动安全防范措施与保障（1分）	
		5. 制定有校园足球师资培训规章制度（1分）	
		6. 制定有校园足球国际、校际交流实施办法（1分）	
	健全工作机制（4分）	1. 成立本地区青少年校园足球领导小组及其办公室，并有明确的工作职责分工（1分）	
		2. 加强对区域内全国和各级校园足球特色学校的指导和监督（2分）	
		3. 是否建立退出机制（1分）	
	重视程度（5分）	1. 开展校园足球学校的比例达到70%（1分），80%（2分），90%（3分）	
		2. 校园足球普及教育活动开展情况（列举2个典型案例）（1分）	
		3. 满天星训练营组织申报工作（1分）	
教育教学（20分）	师资队伍（6分）	1. 体育教师配备达到国家标准（2分）	
		足球专项教师大于3、2、1人（含）以上（分别给4、3、2分）	
		3. 教师每年有一次以上培训机会（1分）	
		4. 每年校园有足球教练员培训开展情况（1分）	
	教学理念（3分）	1. 把足球作为立德树人的载体，积极推进素质教育（1分）	
		2. 促进学生全面发展情况（1分）	
		3. 贯彻落实《全国青少年校园足球教学指南》情况（1分）	
	体育课时（6分）	1. 义务教育阶段把足球作为体育课必修内容（1分），每周每班不少于一节足球教学课（3分）	
		2. 高中阶段学校开设足球选修课（1分）	
		3.. 每周实施适合学生年龄特点的足球教学和课外活动（1分）	
	升学通道（5分）	1. 是否打通本地区足球特长学生各学段升学通道（2分）	
		2. 高中阶段，通过足球考取大学的人数比例达到20%及以上的（3分）	

复核指标	主要观测点	复核内容与分值	得分
竞赛训练（20分）	训练开展（6分）	1. 学校足球代表队和课外足球俱乐部制定有系统、科学的训练计划（2分）	
		2. 每周开展课余足球训练3次及以上（2分）	
		3. 对学校足球代表队运动员参加训练、比赛，制定有具体的文化学习计划和要求（1分），其文化学习成绩达到同年级平均水平（1分）	
	竞赛组织（4分）	1. 有完善的竞赛体系（1分）；每年组织校内足球班级联赛（1分）	
		2. 组织区域内校际联赛和夏令营（1分）	
		3. 有完整的选拔机制，选拔区域内最佳阵容（1分）	
	足球社团组织（6分）	1. 学校成立足球俱乐部或兴趣小组（1分）	
		2. 小学三年级以上建有班级代表队（1分）、年级代表队（1分）	
		3. 学校建有校级男足球代表队（1分）、女队（1分）	
	运动员等级（4分）	通过校园足球获得一级、二级、三级运动员等级证书情况（4分）	
保障条件（20分）	场地设施及器材（7分）	1. 场地设施、器械配备达到国家标准（4分）	
		2. 能满足教学和课余足球训练需要，足球器材数量齐备、并有明确的补充机制（3分）	
	经费投入（6分）	1. 设立有校园足球工作专项经费，每年生均体育经费不低于生均公用经费的10%（3分）	
		2. 校园足球工作专项经费逐年提高（3分）	
	安全教育（7分）	1. 开展安全风险意识和法治意识教育活动（列举项活动案例）（5分）	
		2. 校园足球工作的疫情防控常态化教育实施情况（2分）	
科研创新（15分）	科研工作（8分）	1. 以校园足球为主题立项、发表学术论文、著作情况（4分）	
		2. 开发和编制有足球校本教材（2分）	
		3. 有详细的足球教学教案（2分）	
	创新工作（7分）	1. 选聘区域内校园足球首席专家（1分）	
		2. 社会力量参与情况（1分）	
		3. 外籍高水平教练团队建设情况（2分）	
		4. 满天星训练营运动员选拔机制（1分）	
		5. 创新足球人才培养模式，打造样板体系（2分）	
宣传报道（10分）	媒体报道（5分）	构建全媒体宣传矩阵，通过各类媒体报道、微信公众号、官方微博等宣传报道情况（5分）	
	主动公开（2分）	编写本地区青少年校园足球发展报告，并主动向社会公开（2分）	
	经验推广（3分）	区域经验被上级部门（媒体）宣传报道和经验推广情况（3分）	
总得分			

附录十四

全国青少年校园足球"满天星"训练营复核指标体系

复核指标	主要观测点	复核内容与分值	分值分配	得分
管理水平 (15分)	组织机构 (5分)	1.成立青少年校园足球工作领导小组及办公室(3分) 2.成立"满天星"训练营专门管理机构(2分)	5	
	发展规划 (5分)	1.制定训练营短期和中长期规划(2分) 2.训练营有定期检查及量化考核(3分)	5	
	文化建设 (5分)	1.训练营每年定期开展足球文化活动(1次1分,最高得2分) 2.训练营每年被市级及以上媒体报道(1次1分,最高得3分)	5	
保障水平 (20)	营地设施 (6分)	1.营地学校结构布局合理(覆盖中小学得1分,比例符合: 1:3:6得1分,覆盖全部区县1分,最高得3分) 2.训练营可用场地设施完善(每个营地有足球场2分,有11 人制足球场1分,最高得3)	6	
	区域协同 (6分)	1.训练营与体育部门、足协之间协同(2分) 2.训练营与足球俱乐部、企业协同(2分) 3.训练营与高校、科研单位协同(2分)	6	
	经费支持 (8分)	1.国家下拨专项经费使用合理到位(3分) 2.训练营所在区域有配套专项经费(3分) 3.有具体有利于训练营发展的相关政策支持(2分)	8	
教练水平 (15分)	外籍教练配 备(6分)	1.外籍教练员持有等级证书(欧洲B级或同水平证书得2 分,欧洲A级或同水平证书得4分) 2.外籍教练配备足球翻译(兼职得1分,专职得2分)	6	
	本土教练配 备(6分)	1.每个营地配备持D级或以上等级的本土教练(配备1名 得1分,最高得3分) 2.总营每个年龄段配备持C级或以上等级的本土教练(3分)	6	
	教练培训 (3分)	训练营每年组织次教练员培训(组织1次得1分,最高得3 分)	3	
教研水平 (10分)	教研体系 (4分)	1.营地学校制订系统的校园足球教研活动计划(2分) 2.营地学校每学期举行足球训练教研活动(1分) 3.营地学校每学期举行足球教学公开课(1分)	4	
	教学课时 (4分)	营地学校每周面向全体学生至少开设2节足球课(全体学 生开设一节得1分,部分学生开设2节得2分,最高为4分)	4	

复核指标	主要观测点	复核内容与分值	分值分配	得分
	教学资源 (2分)	1.营地学校开发和编制有足球校本教材(1分) 2.营地学校配备多样化足球教学器材(1分)	2	
训练水平 (20分)	训练计划 (5分)	营地学校为不同年龄段制订了科学的训练内容,注重训练内容的衔接性(每个年龄段得1分,最高得5分)	5	
	训练实施 (8分)	1.营地学校每周进行高效率的"两训一赛"(4分) 2.总营每学期定期开展营员集训(4分)	8	
	训练辅助 (7分)	1.教练组每学期为每位队员出具评价报告(3分) 2.营地配备必需的医疗和运动防护用品(2) 3.营地每年开展运动防护和损伤救治培训(每次1分,最高得2分)	7	
竞赛水平 (20)	竞赛体系 (6分)	1.搭建区域内"校内竞赛—校际联赛—选拔性竞赛"为一体的竞赛体系(4分) 2.组织开展营地学校"满天星"联赛(2分)	6	
	竞赛实施 (10分)	1.制订有符合比赛特点的足球竞赛制度(1分); 2.营地学校队伍每年参加校际比赛场数(每4场得1分,最高得5分) 3.营地学校积极参加市级及以上校园足球竞赛(参加一次得1分,最高得4分)	10	
	竞赛辅助 (4分)	1.营地学校营员文化成绩达到年级平均水平(60%达标得1分,90%达到得2分) 2.营地学校为营员安排文化补习(2分)	4	
总得分				
一票否决	1."满天星"训练营专项资金未用于训练营建设 2.未搭建"满天星"训练营总营及营地学校体系 3.未组织开展"满天星"训练营的训练和竞赛活动			